つくりたくなる
日々レシピ

長谷川あかり

はじめに

この本に載っているレシピは、
私がふだんからつくっている
定番のレシピ＝日々レシピたちです。

手早く完成するメインのおかずから、
フライパンひとつでできる軽い煮込み、
炊き込みごはんやヘルシーな軽食まで、
毎日でも食べたくなるような、
シンプルでほっとする料理をそろえました。

なかには、ハンバーグ、ショウガ焼き、
肉じゃが、角煮……といった、
基本のつくり方があるメニューもありますが、
ここでシェアしたいのは、
気楽につくれる〝令和アップデート版〟。

「おっくうだな……」「これ本当に必要？」と
思った工程や材料はどんどんそぎ落とす一方で、
「お料理してる感」を味わえるような、
料理の楽しい部分はあえて残してあります。

たとえば、おだしを使ったり、
薬味をたっぷり刻んだり、すりおろしたり、
じっくり煮込んだりといった工程は、
ちょっぴり手はかかります。
でも、すべてを省略してしまうのではなく、楽しみたい。

大好きなおだしや薬味の香り、
鍋から立ち上る湯気にとても癒やされるし、
料理上手になった気分にもなれるんです。

自分で料理をしなくても生きていけるこの時代に
わざわざ料理をすることを選ぶのであれば、
「簡単でおいしい」だけじゃなく、
「料理をする私って素敵！」と感じられた方が、
なんだかおトクだなと思います。

おいしい、気楽、おしゃれ、楽しい、ヘルシー。
全部まるごと叶えたい！ という
わがままな私がたどり着いた、
時短料理でもなく丁寧料理でもない、
その真ん中にある、ちょうどいい日々レシピ。
みなさんにも、楽しんでつくってもらえたら嬉しいです。

私の日々ごはん

外食も大好きな私ですが、せっかく家でつくるなら、
外では食べられない料理をつくりたいと思っています。
つくる工程に癒やされたり、優しい味にほっとしたり、
料理を味わうひとときは、私にとって大切な時間です。

— 20MIN RECIPE

「今日はあれをつくろう」と
思いながらの帰り道。
定番があるって心強い！

旬の炊き込みごはんに
もう1品あれば、
ごちそう献立の完成

— SEASONAL COOKED RICE + SOUP

忙しい日は、あえて煮込み。
フライパンひとつで
気楽に、のんびりと

— ONE FRYING PAN RECIPE

— HEALTHY RECIPE

夜遅い、でも食べたい。
そんなときのための
優しいレシピも大事

友だちが遊びに来る。
お酒を用意して、
小さなワクワクも料理に込めて

CONTENTS

3章 季節を味わう2品献立

炊き込みごはんと一汁または一菜

4章

ケの日以上、ハレの日未満
頑張らなくてもほめられるひと皿

5章

夜遅くても罪悪感なし
体に優しいほっこりごはん

材料のこと

シンプルな料理ほど、材料ひとつで味が変わります。
この本でよく使っている材料を紹介するので、参考にしてください。

しょうゆは2種類あると便利

「しょうゆ」と記載している場合は濃口しょうゆを使用しています。「薄口しょうゆ」と記載がある場合は、素材の色を生かして淡い色に仕上げたいときです。濃口でも代用できますが、色は少し濃くなります。また、濃口は薄口よりも塩分量が少ないので、代用するときは味をみて塩をたしてください。

だし汁は合わせだし

だし汁はすべて「昆布とかつおの合わせだし」です。市販のだしパックを使う場合は、塩分無添加のものなら何でもOK。気持ちにゆとりがあるときは、昆布とかつお節でだしをとるのもおすすめです。その場合は、109ページの「だしのとり方」を参考にしてください。

その他のきまりごと

- 植物油と記載している場合は、米油、菜種油、太白ごま油など、クセのない油を使用してください。オリーブオイルは「エクストラバージンオリーブオイル」を使用しています。
- バターは有塩バターを使用しています。
- 電子レンジの加熱時間は600Wの場合の目安です。機種によって異なるので、様子を見て加減してください。
- フライパンは少し深めの直径22cmを使用しています（110ページ参照）。
- 大さじ1は15mℓ、小さじ1は5mℓです。
- 塩ひとつまみは、親指、人さし指、中指でつまんだ量です。

酒は料理酒を使用

飲むための日本酒ではなく、料理酒を使用しています。それは、料理酒に含まれる雑味が、料理に深みをもたらしてくれるから。料理酒にもいろいろな種類がありますが、一般的な「塩分入り」であれば、どの商品でも大丈夫。塩分のない酒でつくる場合は、味をみながら塩をたしてください。

ショウガ、ニンニクは生がおすすめ

私の料理では、ショウガやニンニクをたくさんすりおろします。面倒に感じるかもしれませんが、余裕があるときは、ぜひ生のものをすりおろしてほしいです。チューブより生の方が香りがよく、よりおいしさを感じてもらえるはずです。ショウガ1かけの量は15gを目安にしています。

梅干しは甘くないもの

梅干しは具というよりも、調味料として考えています。塩分は10％以上、甘くないものを使っています。はちみつ入りなどの甘いものだと味が変わってしまいます。できるだけ、酸っぱくてしょっぱい昔ながらの梅干しを使い、味をみながら塩などで調整してください。

1章

いただきますまで20分
ふだん使いの気楽なレシピ

わが家のふだんのおかずは、とてもシンプル。材料をできるだけ少なくし、下ごしらえの手間やまな板の出番を最小限にしています。だから、ちょっと疲れていても、食べたいものが浮かばないときも、これなら！と思えるものばかり。なかには、少しずつバージョンアップしながら、10年近くつくり続けている定番もあります。料理をするのは面倒だけど、外食やお総菜の気分でもない……。そんなときに、レパートリーに加えておくと心強い、20分以内でつくれる気楽なレシピを集めました。

酒蒸しハンバーグ

忙しい日でも「つくりたい！」と思える
材料も工程もシンプルなハンバーグです。
ボウルを使わない、手でこねない、パン粉不要、
玉ねぎのみじん切りも、ソースもつけ合わせも不要！
とっても気楽につくれるのに、ふんわり食感で味も本格的。
「私ってお料理の天才かも～！」と思わせてくれるレシピです。

［ 材 料 ］ 2人分

ベーコン		1/2枚
A	牛豚合いびき肉	220g
	牛乳	100㎖
	片栗粉	小さじ1
	塩	小さじ1/2
	砂糖	小さじ1/2
	ニンニク（すりおろす）	小さじ1/4
	ナツメグ	6ふり
バター		10g
料理酒		50㎖
ミニトマト		14～20個

［ つくり方 ］

1 ベーコンは細かく刻んでフライパンに入れ、Aを加える。しっかり粘りが出るまでゴムベラなどでよく練り混ぜて2等分し、楕円形に成形する（柔らかいので、植物油を薄く塗ったラップで肉ダネを包むと成形しやすい）。

2 フライパンをキッチンペーパーでふき、バターを入れて中火で溶かす。1を並べ入れ、3分焼いたら裏返す。

3 料理酒を加え、フタをして弱めの中火で5分蒸し焼きにする。ミニトマトを加え、フタをしてさらに5分加熱する（汁気がなくなりそうになったら、水を少量たす）。器に盛り、残った汁をかける。

鶏むね肉の海苔煮

胃が疲れているとき、
無性につくりたくなるレシピです。
薄味かな？と思いきや、
だしや海苔のうま味が効いているので
濃いめの味つけが好きな夫も太鼓判。
滋味深い味わいに、自分をほめたくなります。
鶏肉のかわりにお豆腐を使ってもおいしいですよ。

［材料］2人分

鶏むね肉		1枚
片栗粉		大さじ1と1/2
A	だし汁	300㎖
	塩	小さじ1/4
	薄口しょうゆ	小さじ1
	料理酒	小さじ1
	みりん	小さじ1
焼き海苔（全形）		1枚
わさび		適量

［つくり方］

1. 鶏肉は皮を除き、横半分に切ってからひと口大のそぎ切りにし、片栗粉をまんべんなくまぶす。
2. 深めのフライパンにAを入れて沸騰させ、1を重ならないように並べ入れる。フタをして弱めの中火で8分煮る。
3. 海苔をちぎって加え、全体になじませたら、味をみて、たりなければ塩（分量外）でととのえる。器に盛り、わさびを添える。

1

2

3

レンコンと豚ひき肉の大葉レモン蒸し

切りものが少ないから
心の余裕をもってつくれます。
じんわり広がる大葉の香りが至福です。

[材 料] 2人分

レンコン	200g
豚ひき肉	150g
大葉	10〜20枚
オリーブオイル	小さじ1
料理酒	50mℓ
塩	ひとつまみ＋小さじ1/3
レモン汁	大さじ1と1/2

[つくり方]

1. レンコンは皮をむいて小さめの乱切りにする。大葉は千切りにする。フライパンにオリーブオイルを入れて中火にかけ、ひき肉を加え、ほぐさずに1分ほど焼く。裏返して同様に焼き、脂が出てきたらキッチンペーパーで吸う。
2. レンコン、料理酒、塩ひとつまみを加え、フタをして弱めの中火で8分蒸す。
3. レモン汁、塩小さじ1/3、大葉の半量を加え、ひき肉をほぐしながら全体を混ぜ合わせて火を止める。器に盛り、残りの大葉をのせる。

焼かないショウガ焼き

焼かないからお肉がふんわり。
びっくりするほど玉ねぎを使いますが、
甘くとろけて、ペロリと食べられます。

[材料] 2人分

豚バラしゃぶしゃぶ用肉		180g
玉ねぎ		中2個
ショウガ		2かけ
ミョウガ		1個
A	料理酒	100mℓ
	しょうゆ	大さじ1と1/2
	塩	ひとつまみ
炒りごま(白)		適量

[つくり方]

1 玉ねぎは薄切りにする。ショウガ1かけはすりおろし、もう1かけは千切りにする。ミョウガも千切りにし、豚肉が大きい場合は食べやすい大きさに切る。

2 フライパンに玉ねぎを入れ、豚肉を全体に広げてのせる。ショウガの全量、Aを加え、中火にかける。

3 沸騰したら玉ねぎをほぐしながら全体を混ぜ、フタをして弱めの中火で15分蒸し煮にする。再び全体を混ぜたら火を止めて器に盛り、ミョウガをのせ、ごまをふる。

和洋折衷鶏ごぼう

「お腹はすいたけど、何を食べたいのかわからない」
ということ、ありませんか？
そんなとき、私はこれをつくりたくなります。
ミニトマトは具材というより、調味料の感覚。
和でもなく、洋でもない、
〝和洋折衷〟のちょうどいい味が、
どんな気分にも寄り添ってくれます。

［ 材料 ］ 2人分

鶏もも肉	1枚
ごぼう	150g
ミニトマト	4個
オリーブオイル	小さじ2
塩	ひとつまみ
料理酒	50mℓ
しょうゆ	小さじ2

［ つくり方 ］

1 鶏肉は小さめのひと口大に切る。ごぼうは鶏肉と同じ大きさの乱切りにする。ミニトマトは半分に切る。

2 フライパンにオリーブオイルを入れて中火にかける。鶏肉とごぼうを加えて塩をふり、弱めの中火で7～8分、あまり触らずにこんがりと焼き目がつくまで全体を焼く。

3 料理酒、しょうゆ、ミニトマトを加えてざっと混ぜたら、フタをして5分蒸し焼きにする。ミニトマトをつぶしながら全体をなじませ、汁気が飛んだら火を止める。

半熟ゆで卵をのっけて
パセリをぱらり

割ると黄身がとろ～り！
心がときめく瞬間です

ドライキーマカレー

夫が大好きなキーマカレーは、
高校生の頃からつくっている私の定番。
味の基本は変わっていませんが、
つくりやすいようにアップデートしています。
カレー粉さえあれば、
身近な調味料でつくれるのが嬉しいポイント。
カシューナッツのコクと歯ごたえで、
優しい味なのに少しよそゆき感が出て、
気分も上がります。

［材料］2人分

牛豚合いびき肉	150g
玉ねぎ	1/2個
ニンジン	1/2本
ピーマン	2個
ミニトマト	4個
カシューナッツ（素焼き）	30g〜
オリーブオイル	大さじ1/2
塩	小さじ1/4
料理酒	50mℓ
A　カレー粉	大さじ1〜1と1/2
しょうゆ	大さじ1
みりん	大さじ1
ショウガ（すりおろす）	1かけ
ニンニク（すりおろす）	1かけ
ごはん	茶碗2杯分
半熟ゆで卵	2個
ドライパセリ（好みで）	適量

［つくり方］

1. 玉ねぎはみじん切り、ニンジン、ピーマン（種、ヘタはそのままでよい）は5mm角に切る。ミニトマトは半分に切る。カシューナッツは粗く刻む。
2. 深めのフライパンにオリーブオイルを入れて中火にかけ、ひき肉、玉ねぎ、塩を加えて軽く炒める。ニンジン、ピーマン、ミニトマトを加えたら料理酒を入れ、フタをして弱めの中火で8分ほど蒸し焼きにする。
3. ミニトマトをつぶしながら全体を混ぜる。汁気が飛んだら**A**を加え、全体がなじむまで炒める。汁気がなくなったら火を止め、カシューナッツを加えて混ぜ合わせ、味をみて、たりなければ塩（分量外）でととのえる。器にごはんとカレーを盛り、真ん中にゆで卵をのせる。好みでドライパセリをふる。

白菜と豚バラ肉のふんわり卵焼き

蒸し焼きになった塩もみ白菜の甘さがたまらない！
コチュジャン入りのニラダレをかけて
チヂミ気分で食べるのが私のお気に入りです。
アツアツがおいしいので、いろいろなタレを用意し、
ホットプレートで焼きながら食べるのもおすすめ。
お肉をキッチンバサミで切れば、包丁いらずです。

[材料] 6個分

白菜	300g
塩	小さじ1/2
豚バラ薄切り肉	60g
卵	3個
片栗粉	大さじ1と1/2
植物油（米油がおすすめ）	適量
ニラダレ（66ページ参照）など	適量

※塩、柚子コショウ、ポン酢、ソースなどでもOK。

[下準備]

- ボウルに白菜をちぎり入れ、塩を加えてもむ。10分ほどおいたらさらにもみ、くたっとさせる（水気はきらなくてよい）。

[つくり方]

1 豚肉は食べやすい大きさに切る。白菜のボウルに、豚肉、卵、片栗粉を加え、黄身と白身が完全に混ざらない程度にざっと混ぜる。

2 フライパンに油を入れて中火にかけ、スプーンで1を6等分しながら流し入れ、片面を焼く（フライパンの大きさにより、一度に焼いても2回に分けてもよい）。

3 卵が固まってきたら裏返し、フタをして弱めの中火で3分蒸し焼きにする。白菜がバラけたら、余った卵液を上から少しかけてくっつける。器に盛り、ニラダレなどを添える。

サーモンコロッケ

小麦粉、卵、パン粉の順で
衣をつけると、手間も洗い物も増えて
忙しい日にはしんどい……と思い、
具材に直接パン粉をつけることに。
ハードルが下がり、つくる頻度が増えました。
刺身用のサーモンを使うから、
火のとおりは気にしなくて大丈夫！
パセリは、ぜひたっぷり入れてください。

[材 料] 8個分

サーモン（刺身用サク）		160g
パセリの葉		50g（約5本分）
A	マヨネーズ	大さじ2
	卵	1個
	塩	小さじ1/4
パン粉、植物油、レモン（好みで）		各適量

[つくり方]

1 サーモンは1㎝の角切りにしてボウルに入れる。パセリの葉を刻んで加え、Aも加えてよく混ぜる。

2 たっぷりのパン粉をバットに広げる。1を8等分して軽くまとめ、何度かパン粉をつけながらギュッギュとおにぎりを握るように成形する（ゆるめのタネです）。

3 フライパンに油を1㎝深さほど入れ、中火にかける。菜箸を入れてすぐに泡が出るくらいに温まったら、2の半量を加えて弱火にする。全体がキツネ色になるまで揚げ焼きにし、油をきる。残りも同様に揚げる（大きいフライパンの場合、一度に揚げても）。器に盛り、好みでレモンを添える。

揚げ焼きサバ
万能ピーマンねぎミョウガソース

ソースは、山形の「だし」に着想を得たもの。
さっぱりとした味が香ばしいサバによく合います。

[材料] 2人分

生サバ（半身）	1枚
塩	ひとつまみ
玉ねぎ	1/2個
片栗粉、植物油	各適量
〈万能ピーマンねぎミョウガソース〉	
ピーマン	1個
長ねぎ（白い部分）	1/2本
ミョウガ	2個
ポン酢しょうゆ	50㎖

[下準備]

- サバは骨を除いて両面に塩をふり、5～10分ほどおく。
- 玉ねぎはスライスして5分ほど水にさらし、キッチンペーパーで水気をふき取る。

[つくり方]

1 サバの水気をキッチンペーパーでふき取り、1.5㎝幅に切って片栗粉をまぶす。油をフライパンの底全体にいきわたるように入れ、中火にかける。サバを並べ入れて両面を揚げ焼きにし、火がとおったら油をきる。

2 ソースをつくる。ピーマン、長ねぎ、ミョウガは粗みじん切りにし、ボウルに入れる。ポン酢を加え、さっと混ぜる。

3 スライス玉ねぎ、1のサバの順に器に盛り、2のソースをかける。

ブリの湯煮　梅とカブのソース

湯煮で切り身が格段においしくなります。
梅とカブのソースは、ほんのり甘くてさっぱり。
オリーブオイルがいいアクセントです。

[材料] 2人分

ブリ（切り身）	2切れ
塩	ひとつまみ
料理酒	大さじ1～2
〈梅とカブのソース〉	
カブ	1個
梅干し（甘くないもの）	大1個
炒りごま（白）	小さじ1
塩	小さじ1/4
オリーブオイル	小さじ1/2

[下準備]

・ブリは両面に塩をふり、5～10分ほどおく。

[つくり方]

1. ソースをつくる。ボウルにカブを皮ごとすりおろす。梅干しの種を除いて包丁でたたき、ソースのほかの材料と一緒にボウルに加え、混ぜ合わせる。
2. フライパンに湯（分量外）を沸かし、料理酒を加える。ブリの水気をキッチンペーパーでふき取って加え、沸騰しない火加減で4分煮る。
3. ブリを取り出して軽く水気をふき取る。器に盛り、好みで塩（分量外）をふり、1のソースを添える。

1

2

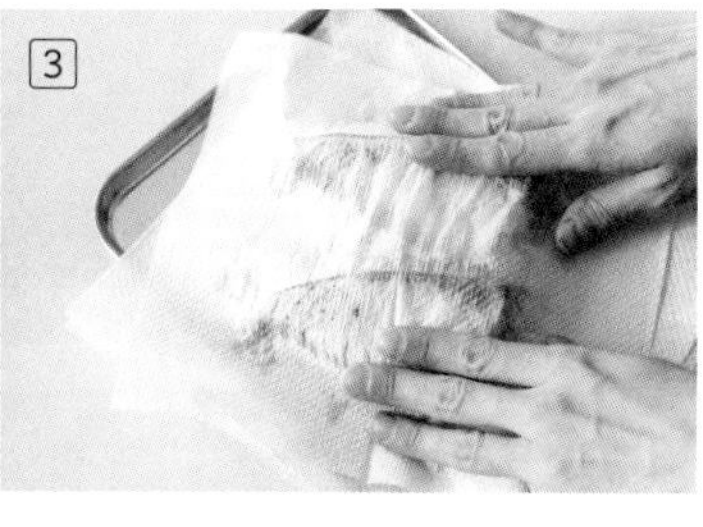

3

鮭のムニエル
ガーリック青のりバターソース

〝ガリバタしょうゆ〟は、誰が食べても好きな味！
でも、ちょっとワンパターンになりがちです。
そこで加えてみたのが青のり。
あたらしさはあるけど、意外すぎない安心感。
このバランスが日々のごはんにちょうどいいんです。

［ 材 料 ］ 2人分

生鮭（切り身）	2切れ
塩	ひとつまみ
エリンギ	1本
ニンニク	1かけ
小麦粉	適量
オリーブオイル	大さじ1/2
バター	20g
青のり	小さじ2
しょうゆ	小さじ1/2

［ 下 準 備 ］

・鮭は両面に塩をふり、5～10分ほどおく。

［ つくり方 ］

1 エリンギは食べやすい大きさに切り、ニンニクはみじん切りにする。鮭は水気をキッチンペーパーでふき取り、全体に小麦粉をまぶす。

2 フライパンにオリーブオイルを入れて中火にかける。鮭を皮を下にして入れ、焼き色がついたら裏返し、エリンギを加える。こんがりと焼けたら器に盛る。

3 フライパンをキッチンペーパーでふき、バターを入れて弱火にかける。バターが溶けたらニンニクを加え、香りが立つまで加熱する。青のり、しょうゆを加えてざっと混ぜたらすぐに火を止め、2の鮭にかける。

具だくさんの主役スープ

たんぱく質も摂れる
具だくさんのスープは
やる気が出ない日の救世主。
これとごはんさえあれば、
なんとかなります！

豚肉と納豆のピリ辛トマトスープ

パンチがあるのに優しくて、元気が出る味。
具はシンプルですが栄養バランスがよく、
とろりとからんだ納豆のおかげでスルスル食べられます。

［材料］2人分

豚バラ薄切り肉		100g
トマト		大1個
長ねぎ（白い部分）		1本
料理酒		50mℓ
A	水	250mℓ
	納豆（ひきわり）	1パック
	ショウガ（すりおろす）	1かけ
	ニンニク（すりおろす）	1かけ
	しょうゆ	小さじ2
	豆板醤	小さじ1/4〜1/2
	塩	ひとつまみ

［つくり方］

1. 豚肉は食べやすい大きさに切る。トマトはざく切りに、長ねぎはみじん切りにする。
2. 鍋に1と料理酒を入れてフタをし、弱めの中火で8分加熱する。お玉などでトマトをつぶしてAを加え、フタをせずに弱めの中火で5分煮込む。味をみて、たりなければしょうゆ、塩（各分量外）でととのえる。

牛肉ととろろの韓国風スープ

ショウガとニンニク、ごま油があれば、韓国風の味に！
牛肉にしっかりと下味をつけておくだけで、
肉がかたくならず、だしがなくてもうま味が広がります。

[材 料] 2人分

牛こま切れ肉		140g
A	料理酒	大さじ1
	砂糖	小さじ1
	しょうゆ	小さじ1
	ショウガ（すりおろす）	1かけ
	ニンニク（すりおろす）	1かけ
長いも		100g
長ねぎ（白い部分）		1本
ごま油		小さじ1
水		400mℓ
塩		小さじ1/3〜
糸唐辛子（あれば）		適量

[下準備]

- ポリ袋に牛肉、Aを入れてよくもみ込み、10分ほどおく。

[つくり方]

1. 長いもは皮をむいておく。長ねぎは5〜6cm長さの細切りにする。
2. 鍋にごま油を入れて中火にかけ、下味をつけた牛肉、長ねぎを炒める。長ねぎがしんなりしたら水を加えて強火にし、ひと煮立ちしたら火を弱める。アクを除いて長いもを鍋に直接すりおろし（**a**）、フタをせずに弱火で10分煮る。
3. 少しずつ塩を加え、味をととのえる。器に盛り、糸唐辛子をのせる。

時間がない日の
パパッと副菜

和にも洋にも合わせやすい副菜は、
シーンを問わず大活躍！
ヘルシーで罪悪感がないので、
おつまみにもぴったりです。

白菜と生ハムのわさびマリネ

わさびの風味がほんのり効いたちょっぴり大人味のマリネ。白菜は内側の黄色い葉を使うと柔らかくて色合いもかわいい！

[材料] 2人分

白菜		2～3枚（150g）
塩		小さじ1/4
生ハム		20g
A	オリーブオイル	小さじ1
	酢	小さじ1
	わさび	小さじ1/4

[つくり方]

1. 白菜は1.5cm幅に切り、ボウルに入れる。塩を加えて軽く混ぜ、5分ほどおく。
2. 1を手でよくもみ、水気をしっかり絞る。ちぎった生ハム、Aを加えて和え、塩（分量外）で味をととのえる。

ニンジンの柚子コショウマヨ和え

柚子コショウの辛味と香りが、おしゃれなデリサラダみたい。ふだんのおかずだけでなく、サンドイッチの具にもおすすめ。

[材料] 2人分

ニンジン		1本（150g）
塩		小さじ1/4
A	マヨネーズ	小さじ1と1/2
	はちみつ	小さじ1/2
	柚子コショウ	小さじ1/2

[つくり方]

1. ニンジンは皮をむき、ピーラーでひらひらにスライスし、ボウルに入れる。塩を加えて軽く混ぜ、5分ほどおく。
2. 1の水気をしっかり絞る。Aを加えて和え、塩（分量外）で味をととのえる。

紫玉ねぎのライムマリネ

さっぱりとしたマリネはスペアリブの煮込み（52ページ参照）など、肉料理によく合います。

[材料] 2人分

紫玉ねぎ	1/2個
塩	ひとつまみ
ライム果汁	大さじ1
オリーブオイル	小さじ1
黒コショウ（粗びき）	たっぷり

[つくり方]

1. 紫玉ねぎはスライサーなどで薄くスライスし、水にさらさずにボウルに入れる。
2. 1に塩、ライム果汁を加えて和える。オリーブオイル、黒コショウを加えてさらに和え、塩（分量外）で味をととのえる。

キュウリと韓国海苔、ショウガの和え物

キュウリの副菜といえばこれ。韓国海苔のごま油風味とうま味が加わることでラクに味がまとまります。

[材料] 2人分

キュウリ	2本
塩	小さじ1/4
ショウガ（すりおろす）	小さじ1
韓国海苔	1パック（8枚）

[つくり方]

1. キュウリは小さめの乱切りにし、ボウルに入れる。塩を加えて軽く混ぜ、5分ほどおく。
2. 1の水気をしっかり絞る。ショウガ、ちぎった韓国海苔を加えて和え、塩（分量外）で味をととのえる。

2章

疲れた日こそつくりたい
フライパンひとつの軽い煮込み

疲れた日の晩ごはんは、簡単にすませたいですよね。私はそんなときこそ、時短料理ではなく、あえて軽い煮込みをつくります。たとえば、目的地まで電車で行くとき、早く着くけれど乗り換えが多いルートより、時間はかかっても乗り換えなしでのんびり移動できる方が、気持ちがラクだったりしませんか？　多少時間はかかるけど、最小限の工程でゆったりつくれる軽い煮込みは、そんなイメージです。煮込んでいる間は自由。何もせず、湯気を見ながらボーッとする時間もまたいいものです。

シンプル肉じゃが

小料理屋さんにあるような上品な肉じゃがを
イメージしてつくりました。
お肉を先に少し炒め、残りを最後に加えるのは
山形出身の母が、郷土料理の「いも煮」を
つくる際にやっていたワザ。
だからじゃがいもはうま味が染み、
お肉は柔らかなんです。

［材料］2人分

牛バラ切り落とし肉	160g
じゃがいも	中2個
植物油（米油がおすすめ）	小さじ1
A　水	100mℓ
料理酒	100mℓ
砂糖	大さじ3
しょうゆ	大さじ1と1/2

［つくり方］

1 じゃがいもは皮をむいて半分に切る。

2 深めのフライパンに油を入れて中火にかけ、牛肉3〜4枚を加える。

3 肉の色が変わったら、1、Aを加えてざっと混ぜ、沸騰したらフタをして弱めの中火で10分蒸し煮にする。しょうゆを加え、ときどきじゃがいもを返しながら、フタをしてさらに10分蒸し煮にする。

4 残りの牛肉を加え、全体を混ぜる。牛肉が煮汁を吸って色が変わったら、すぐに火を止めてフタをし、5分おいて器に盛る。

2

3

4

ノンオイル梅チキン ラタトゥイユ

めったにつくりおきをしない私が、
つくりおきたくなるレシピです。
アツアツをサラッと食べるのもいいですが、
冷やすとどんどんおいしくなるから不思議！
鶏肉のコラーゲンがとろりと全体にからみ、
口の中でじわ〜っと溶けて広がります。

［材料］つくりやすい分量

鶏もも肉	1枚
ニンニク	1かけ
梅干し（甘くないもの）	大2個
ナス	2本
ズッキーニ	1本
トマト	大2個
料理酒	100㎖
みりん	大さじ1
しょうゆ	大さじ1/2

［つくり方］

1 鶏肉は食べやすい大きさに切る。ニンニクは包丁の腹で押さえてつぶす。梅干しは種入りのまま手で軽くつぶす。ナス、ズッキーニは2㎝角に切る。トマトは適当な大きさのざく切りにする。

2 深めのフライパンに鶏肉、ニンニク、梅干し、料理酒を入れて中火にかけ、沸騰したらフタをして弱火で5分酒蒸しにする。

3 ナス、ズッキーニ、トマトを加え、フタをして中火でさらに5分蒸し煮にする。

4 お玉などでトマトをつぶし、みりん、しょうゆを加える。フタを取り、汁気を飛ばしながら弱めの中火でさらに15分煮込み、味をみて、たりなければ塩（分量外）でととのえる。

※すぐに食べない場合は、清潔な保存容器に入れて粗熱をとり、フタをして冷蔵保存する（日持ちは冷蔵で約2日）。

2

3

4

すっきり角煮

お肉の脂はちょっと重いけど、味の濃いお肉料理が食べたい。
そんなときによくつくるのが、豚肩ロース肉の角煮です。
いろいろなスパイスや紹興酒などをそろえなくてもOK。
ほんの少しのカレー粉で、本格的な味わいが楽しめます。

［ 材 料 ］ 2〜3人分

豚肩ロースブロック肉		300g
砂糖		小さじ2
片栗粉		大さじ1
長ねぎ（白い部分）		7〜8cm
A	料理酒	100mℓ
	しょうゆ	50mℓ
	酢	大さじ1/2
長ねぎ（青い部分）		1本分
カレー粉		小さじ1/4弱
練り辛子		適量

［ つくり方 ］

1 豚肉は1.5cm厚さに切り、砂糖をすり込んでから片栗粉をまんべんなくまぶす。長ねぎの白い部分は白髪ねぎにする（中の芯を除いて縦方向に千切りにし、軽く水にさらす）。

2 深めのフライパンに豚肉を並べ入れ、A、肉がかぶる量の水（分量外）、長ねぎの青い部分を加える。

3 中火にかけ、沸騰したら火を弱める。フタをせずに、ときどき煮汁を肉にかけながら25分煮込む。カレー粉を加え、混ぜたら火を止める。

4 器に盛り、1の白髪ねぎ、辛子を添える。

2

3

鶏もも肉の赤ワイン煮込み

赤ワインを使うだけで、特別感がアップします。
でも、使っている調味料はみりんとみそ。
だから、ごはんにも合うんです。
赤ワインが少し余ったときにもおすすめです。

[材料] 2人分

鶏もも肉		1枚
塩		小さじ1/4
ニンニク		1かけ
ベーコン		2枚
玉ねぎ		1/4個
セロリ（茎）		1/2本
バター		15g
小麦粉		大さじ1
A	赤ワイン	300mℓ
	みりん	大さじ1と1/2
	みそ	大さじ1/2
	ローリエ	1枚

[つくり方]

1 鶏肉は大きめのひと口大に切り、塩をすり込む。ニンニクは包丁の腹で押さえてつぶし、ベーコンはみじん切りにする。玉ねぎは薄切りに、セロリはピーラーで筋を取り、繊維に沿って縦方向の薄切りにする。

2 深めのフライパンにバターを入れて中火で溶かし、ニンニクを加える。香りが立ったら鶏肉を皮を下にして並べ入れ、こんがりと焼き色がつくまで焼く。

3 ベーコン、セロリ、玉ねぎを加えてさらに炒め、しんなりとしたら小麦粉をふり入れ、粉っぽさがなくなるまで炒め合わせる。

4 Aを加え、フタをせずに中火で12分煮込む。

2

3

4

白菜を長いまま使うだけで
おしゃれな雰囲気に。
日々を彩るちょっとした工夫

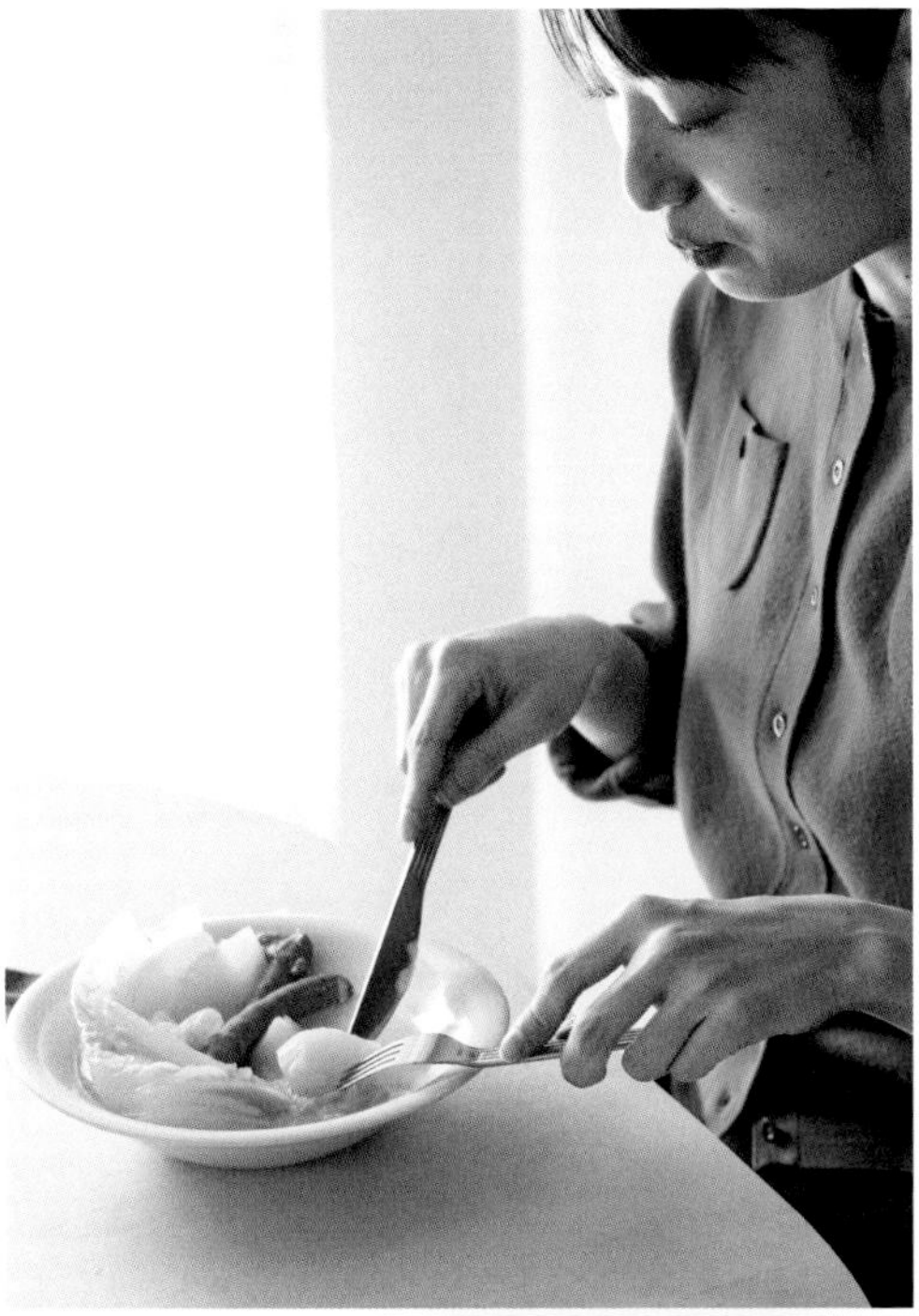

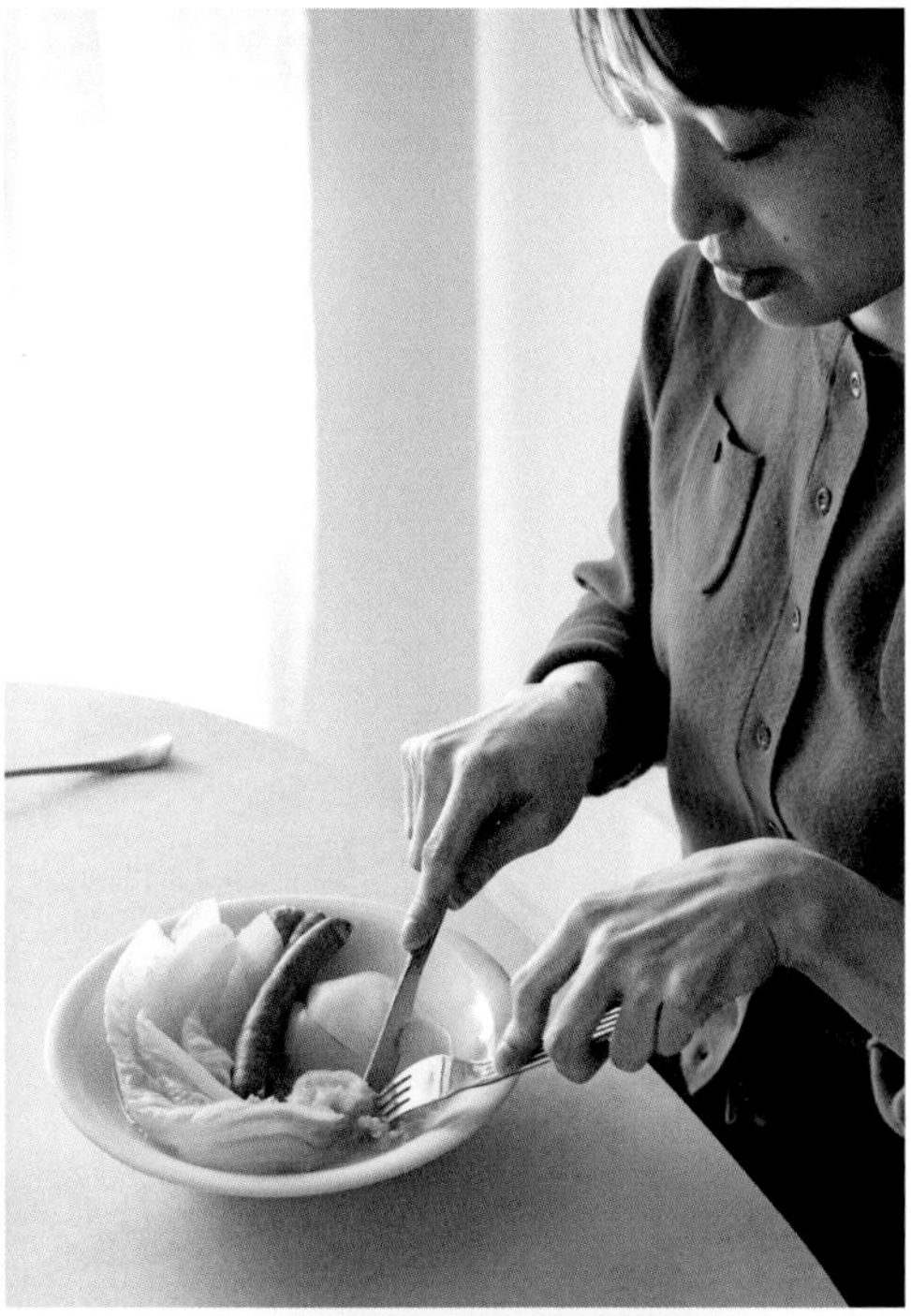

うま味たっぷりのスープと
とろとろの白菜がぜいたく

昆布バターポトフ

フタを開けた瞬間、昆布とバターが香る湯気を
ふわ〜っと浴びるのが大好きです。
とにかく簡単で、優しい素材の味に心も体も大満足。
白菜をたっぷり食べられるから、
野菜不足を感じたときにも、寒い日にも、
何度でもつくりたくなる一品です。

[材料] 2人分

白菜		1/4個(300g)
じゃがいも※		大1個
A	昆布	約5×10cm(5g)
	バター	10g
	水	500mℓ
	料理酒	50mℓ
	塩	小さじ1/2
ウインナー		4〜6本
練り辛子		適量

※じゃがいもが煮崩れるのが苦手な方はメークインで。私は少し煮崩れるくらいが好きなので男爵を使っています。

[つくり方]

1 白菜はよく洗い、根元の芯を除く。じゃがいもは皮をむいて2〜4等分に切る。

2 深めのフライパンに1、Aを入れ、強火にかける。沸騰したらフタをし、弱火〜弱めの中火で20分煮込む。

3 ウインナーを加え、フタをして弱火でさらに5分煮る。

4 器に盛り、辛子を添える。

2

3

スペアリブのジャスミン茶煮込み

余っているナンプラーがあったらこれ！
ナンプラーのうま味を効かせたエスニックな煮込みです。
ジャスミン茶を使うと、豚肉の脂がすっきり。
紫玉ねぎのライムマリネ（36ページ参照）が相性抜群です。

［ 材 料 ］2人分

豚スペアリブ		500g
塩		少々
ニンニク		1かけ
オリーブオイル		小さじ1
A	水	500mℓ
	ジャスミン茶（ティーバッグ）※	2袋
	ナンプラー	100mℓ
	料理酒	100mℓ
	みりん	大さじ3
黒コショウ（粗びき）、ライム（好みで）		各適量

※ペットボトルのジャスミン茶でも。その場合、水を入れずにジャスミン茶500mℓを加えてください。

［ つくり方 ］

1. スペアリブは塩をふる。ニンニクは包丁の腹で押さえてつぶす。
2. 深めのフライパンにオリーブオイルとニンニクを入れて中火にかける。香りが立ったらスペアリブを並べ入れ、両面をこんがりと焼く。
3. Aを加え、沸騰したら弱めの中火にする。5分たったらティーバッグを取り出し、フタをせずに30分煮込む。
4. 器に盛り、黒コショウをたっぷりとふり、好みでライムを搾る。紫玉ねぎのライムマリネ（36ページ参照）を添えるとおいしい。

2

3

豚肉と小松菜のビネガークリーム煮

生クリームを使いますが、あと味すっきり。
酢のおかげで小松菜が高菜漬けのようになるんです。
ナイフとフォークでいただけば、ごちそう気分に！

[材料] 2人分

豚ロース肉（トンカツ用）		2枚
塩		ひとつまみ
小麦粉		大さじ1
小松菜		1袋
オリーブオイル		小さじ2
A	料理酒	50mℓ
	酢	大さじ2
	塩	小さじ1/4
	みりん	小さじ2
生クリーム		100mℓ

[つくり方]

1. 豚肉は塩をふり、小麦粉をまんべんなくまぶす。小松菜は1cm幅に切る。
2. 深めのフライパンにオリーブオイルを入れて中火にかけ、豚肉を並べ入れて焼く。両面に焼き色がついたら小松菜、Aを加え、フタをして弱めの中火で5分蒸し煮にする。
3. 生クリームを加え、フタをせずに2〜3分煮て全体をなじませる。味をみて、たりなければ塩（分量外）でととのえる。
4. 器に豚肉を1枚ずつ盛り、ソースをかける。

2

3

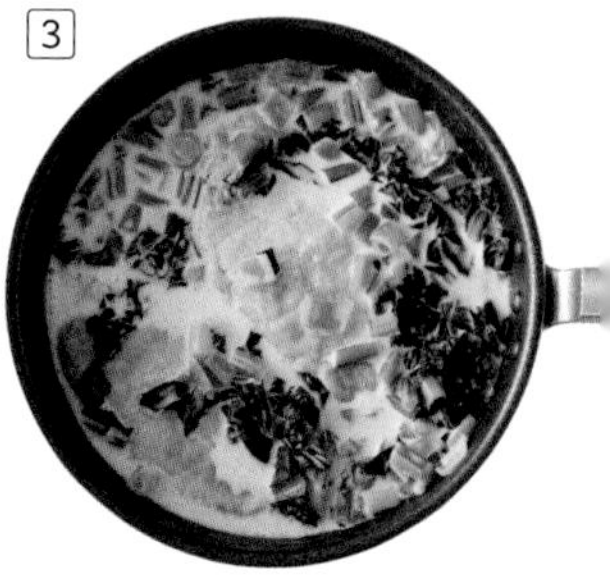

鶏むね肉とナスの梅ニンニクカブおろし

皮ごとおろしたカブは香りがよく、優しい味。ニンニクと梅干しのほどよいパンチが加わり、食べると元気が出てきます。

[材 料] 2～3人分

鶏むね肉		1枚
片栗粉		大さじ2
ナス		中2本
カブ		2個
梅干し（甘くないもの）		大2個
植物油		大さじ1
A	だし汁	200mℓ
	薄口しょうゆ	大さじ2
	みりん	大さじ2
	ニンニク（すりおろす）	小さじ1/4
万能ねぎ（小口切り）		適量

[つくり方]

1. 鶏肉は横半分に切ってからそぎ切りにし、片栗粉をまぶす。ナスは乱切りにし、カブは皮ごとすりおろす。梅干しは種入りのまま手で軽くつぶす。
2. 深めのフライパンに油を入れて中火にかけ、ナスを加えてさっと焼く。A、梅干し、鶏肉を加え、沸騰したらフタをして中火で8分煮る。
3. すりおろしたカブを加え、とろみがつくまでフタをせずに軽く煮詰める。
4. 器に盛り、万能ねぎを散らす。

2

3

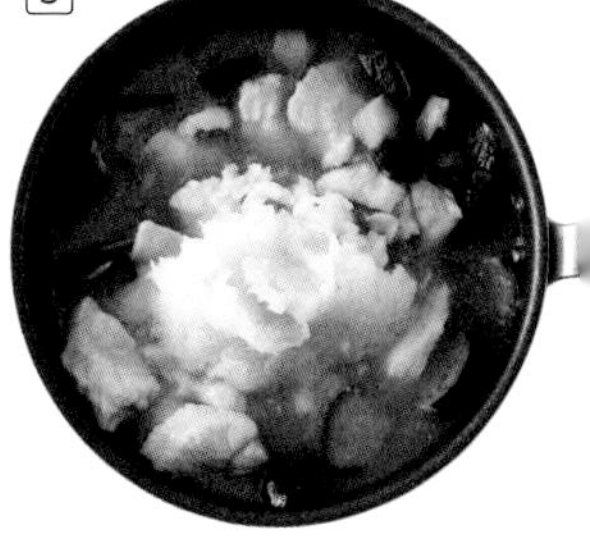

ブイヤベースごはん

簡単なのにごちそう感たっぷり。
おしゃれな味だけど食べ疲れせず、
いつだってつくりたくなります。
本格的な味の秘密は、塩辛とマヨネーズ！
とくにマヨネーズを加えると、
びっくりするほど味が化けるので、
加える前と後、両方の味見をしてみてください。
私はいつも、キッチンで静かに感動しています。

[材料] 2人分

シーフードミックス（冷凍）	160g
玉ねぎ	1/2個
トマト	中2個
オリーブオイル	大さじ1/2
イカの塩辛	50g
白ワイン	100mℓ
ニンニク（すりおろす）	1かけ
マヨネーズ	大さじ1
サフランライス（またはごはん）	茶碗2杯分
ドライパセリ（好みで）	適量

[下準備]

- 海水くらいの塩分濃度の塩水をつくり（水500mℓに塩大さじ1強を溶かす）、凍ったままのシーフードミックスを入れる。半解凍になったらザルに上げ、キッチンペーパーで水気をふき取る。

[つくり方]

1 玉ねぎはみじん切り、トマトは適当な大きさのざく切りにする。

2 深めのフライパンにオリーブオイルを入れて中火にかけ、玉ねぎを加えて透き通るまで炒める。下準備したシーフードミックスを加え、香りが立つまで軽く炒める。

3 トマト、塩辛を加えてざっと混ぜる。トマトから水分が出てきたら、白ワイン、ニンニクを加え、フタをして弱めの中火で8分煮る。

4 火を止め、マヨネーズを加えて全体をなじませ、味をみて、たりなければ塩（分量外）でととのえる。

5 器にごはんを盛り、4をかけ、好みでドライパセリをふる。

＼ サフランライスだと
さらにおいしく ／

〈サフランライスのつくり方〉　炊飯釜に洗った米2合、2合の目盛りまでの水を入れます。サフラン、塩を各ひとつまみ、オリーブオイル小さじ1を加えてざっと混ぜ、30分おいてから普通に炊けば完成！

2

3

4

アボカドとサーモンの軽い煮込み

アボカドとサーモンは、お肌にいい栄養素が豊富。
肌荒れが気になるときに食べたくなる美肌レシピです。
ソースがおいしいので、パンなどにからめて食べています。

［ 材 料 ］ 2人分

サーモン（刺身用サク）	160g
アボカド	1/2個
玉ねぎ	1/4個
ベーコン	1枚
オリーブオイル	大さじ1/2
小麦粉	大さじ1
水	150mℓ
塩	小さじ1/4

［ つくり方 ］

1 サーモン、アボカドは食べやすい大きさに切る。玉ねぎ、ベーコンはみじん切りにする。

2 深めのフライパンにオリーブオイルを入れて中火にかけ、玉ねぎとベーコンを炒める。玉ねぎが透き通ってきたら小麦粉を加え、粉っぽさがなくなるまで軽く炒める。

3 水と塩を加え、沸騰したらサーモン、アボカドを加える。フタをして弱めの中火で2分30秒ほど煮込み、味をみて、たりなければ塩（分量外）でととのえる。

2

3

サバ缶のマスタードクリーム煮

粒マスタードのほのかな酸味のおかげで
食べ応えがありながら、重く感じません。
手軽なのにごちそう感があるのも、嬉しいポイント。

［材料］2人分

サバ缶（水煮）		1缶（190g）
玉ねぎ		1個
セロリ		1/2本
バター		10g
A	白ワイン	50㎖
	水	50㎖
	塩	小さじ1/3
	ニンニク（すりおろす）	1かけ
生クリーム		100㎖
粒マスタード		小さじ2

［つくり方］

1 玉ねぎは薄切りにする。セロリはピーラーで筋を取り、繊維に沿って縦方向の薄切りにする。

2 深めのフライパンにバターを入れて中火で溶かし、1を加え、しんなりするまで軽く炒める。サバ缶（汁ごと）、Aを加えてフタをし、沸騰したら弱めの中火で15分蒸し煮にする。

3 フタを取り、汁気がほぼなくなるまで煮詰めたら、生クリーム、マスタードを加えて全体をなじませる。味をみて、たりなければ塩（分量外）でととのえ、ひと煮立ちしたら火を止める。

2

3

レシピをつくるときに考えていること

ファッションと料理。まったく関係がないと思うかもしれませんが、私はいつも、着回しの利くお洋服のようなレシピをつくりたいと思っています。

単体で完結する主役級の勝負服ではなく、ベーシックで合わせやすい服。それでいて、さりげないこだわりがあり、サラッと着るだけでワンランク上の着こなしを叶えてくれる服。毎日着たくなるのは、そんなお洋服じゃないでしょうか。

この感覚は料理も同じです。華やかなごちそうも大好きだけれど、毎日のごはんで食べたくなるのは、飽きのこないもの。いろいろなメニューや、その日の気分に合わせやすい料理です。

加えるだけで雰囲気が変わる薬味やハーブは、ファッションでいう差し色と同じ。味つけはあえて「余白」を残しておくことで、アクセサリー同様に、あとからアレンジを加えられます。

そう考えると、私が大好きなおにぎりは着回し力抜群！ 具も味もアレンジ自在で、「今日は何と組み合わせよう」と考える時間まで楽しめます。一生飽きない、まるでTシャツやデニムのような料理です。

シンプルだからこそ、その日の気分でアレンジしやすく、食卓を彩るほどよい高揚感もある。そんな着回しの利くレシピが、日々を優しく支えてくれると信じています。

3章

季節を味わう2品献立

炊き込みごはんと一汁または一菜

気取らないのにちょっぴり特別感のある炊き込みごはんが、わが家の日々には欠かせません。お米と具材を合わせて炊くだけだから心の余裕をもってつくれるし、お野菜やお肉を炊き込めば、栄養バランスも◎。とくに私が好きなのは、季節の食材を使った炊き込みごはん。おいしいのはもちろん、なんだか丁寧に暮らしているような気持ちになれて、心まで潤います。炊いている間にもう1品つくれればそれで十分、というのも心強いところ。フタを開ける瞬間のワクワク感もたまらなく好きです。

春

クレソンとしらすの炊き込みごはん

クレソンは、余熱で優しくなじませると、苦味が穏やかに心地よく感じられます。次の日は卵を加えてチャーハンに。

[材料] 2合分

米		2合
クレソン		60g
A	水	400mℓ
	塩	小さじ1/2
	薄口しょうゆ	小さじ2
	みりん	小さじ2
昆布		約5×10cm（5g）
しらす		100g
炒りごま（白）		大さじ1/2
オリーブオイル		小さじ2

[下準備]

・米は洗ってザルに30分上げる（炊飯器の場合は省略可）。

[つくり方]

1. クレソンは粗く刻む。
2. 鍋に米を入れ、Aを加えてざっと混ぜる。昆布、しらすを順にのせ、フタをして沸騰するまで強火で5分、沸騰後は弱火で15分熱し、火を止めて5分蒸らす。
   ※炊飯器の場合は、米、Aの水以外を入れてから水を2合の目盛りまで加え、ざっと混ぜ、具をのせて普通に炊く。
3. 昆布を取り出し、1、ごま、オリーブオイルを加えて全体をサックリと混ぜ、器に盛る。

フレッシュなクレソンを
炊きたてごはんにたっぷり。
安心感のあるみそ汁との
バランスが心地よい

厚揚げと スナップえんどうのみそ汁

シンプルなおみそ汁って、ほっとしますよね。
厚揚げと食感のあるスナップえんどうで、
食べ応えがアップ。栄養バランスも整います。

[材料] 2人分

厚揚げ	1/2枚
スナップえんどう	6本
だし汁	300mℓ
みそ	大さじ1と1/2

[つくり方]

1 厚揚げは横向きに置き、横半分に切ってから縦1cm幅に切る。スナップえんどうは筋を取り、斜め半分に切る。

2 鍋にだし汁を入れて火にかけ、沸騰したら1を加え、弱めの中火で2～3分煮る。弱火にしてみそを溶き入れ、火を止める。

新ごぼうと豚バラの炊き込みごはん

ニンニク風味の豚ごぼうごはんに
ポン酢ベースのピリ辛ダレをかけて韓国スタイルに。

[下準備]

・米は洗ってザルに30分上げる（炊飯器の場合は省略可）。

[つくり方]

1 ごぼうはささがきにする。豚肉は食べやすい大きさに切る。

2 鍋に米を入れ、Aを加えてざっと混ぜる。豚肉、ごぼうを順にのせ、フタをして沸騰するまで強火で5分、沸騰後は弱火で15分熱し、火を止めて5分蒸らす。

※炊飯器の場合は、米、Aの水以外を入れてから水を2合の目盛りまで加え、ざっと混ぜ、具をのせて普通に炊く。

3 タレをつくる。ニラは1cm幅に刻み、Bとよく混ぜ合わせる。ごはんをサックリと混ぜて器に盛り、タレをかけながらいただく。

[材料] 2合分

	米	2合
	新ごぼう	1本
	豚バラ薄切り肉	100g
A	水	400mℓ
	料理酒	大さじ2
	塩	小さじ2/3
	ニンニク（すりおろす）	小さじ1/2

〈ニラダレ〉

	ニラ	1/2束
B	ポン酢しょうゆ	大さじ4
	炒りごま（白）	小さじ2
	コチュジャン	小さじ2

塩昆布とわかめのスープ

焼き肉屋さんのわかめスープをイメージした
わかめたっぷりのスープです。味の決め手は塩昆布。
さっと煮るだけでうま味と塩気、ほのかな甘味が広がります。

[材料] 2人分

塩昆布	15g
乾燥わかめ	5g
だし汁	300mℓ
ニンニク（すりおろす）	小さじ1/2
炒りごま（白）	小さじ2

[つくり方]

1 わかめは水に浸して戻し、水気をよく絞る。

2 鍋にだし汁を入れて火にかけ、沸騰したら塩昆布、1、ニンニクを加えて1〜2分煮る。味をみて、たりなければ塩（分量外）でととのえ、ごまを加える。

食べ応えのあるお肉のごはんも
さっぱりとした韓国風のタレと
わかめスープで軽やか

夏

夏は辛味やスパイスをアクセントに！
キンキンに冷えたビールがよく似合います

とうもろこしと青唐辛子の炊き込みごはん

バターしょうゆに青唐辛子の辛味が合わさり、ほんのり大人気分。辛いものが苦手な人はピーマンを使ってみてください。

[材料] 2合分

米	2合
とうもろこし	2本
青唐辛子	4～5本
ニンニク	1かけ
バター	20g
しょうゆ	大さじ2
A 水	380mℓ
料理酒	大さじ2
塩	小さじ1/2

[下準備]

- 米は洗ってザルに30分上げる（炊飯器の場合は省略可）。

a

[つくり方]

1. とうもろこしは半分に切り、包丁で実をそぎ落とす（a）。青唐辛子はヘタを落とし、箸を差し込んでグリグリと回して種を除き、小口切りにする（辛いのが得意な人は、種を除かなくてOK）。ニンニクはみじん切りにする。
2. フライパンにバターを入れて中火で溶かし、1を加えて一気に炒める。甘い香りがしてきたら、しょうゆを加えて混ぜ、汁気を飛ばす。
3. 鍋に米を入れ、Aを加えてざっと混ぜ、2をのせる。フタをして沸騰するまで強火で5分、沸騰後は弱火で15分熱し、火を止めて5分蒸らす。
   ※炊飯器の場合は、米、Aの水以外を入れてから水を2合の目盛りまで加え、ざっと混ぜ、具をのせて普通に炊く。
4. 全体をサックリと混ぜ、器に盛る。

タコとアボカドのクミンサラダ

おしゃれなビストロをイメージしたサラダです。クミンの香りでエスニックな気分が高まります！

[材料] 2人分

ゆでダコ	80g
アボカド	1/2個
じゃがいも	小1個（100g）
A オリーブオイル	大さじ1
塩	小さじ1/4
クミンパウダー	小さじ1/4弱
レモン汁	小さじ1と1/2
ニンニク（すりおろす）	小さじ1/8

[つくり方]

1. タコ、アボカドは食べやすい大きさに切る。じゃがいもは皮をむき、食べやすい大きさに切る。
2. 耐熱ボウルにじゃがいもを入れ、ラップをして電子レンジ（600W）で2分加熱する。タコとアボカド、Aを加えてよく和え、塩（分量外）で味をととのえる。

ミョウガと鶏肉の炊き込みごはん

たっぷりのミョウガを一緒に炊き込むと〝ミョウガだし〟のような香りとうま味が出て、おしゃれな味になるんです。冷めてもおいしいから、おにぎりにするのもおすすめです。

［材料］2合分・フライパンは直径22～24㎝が目安※

米（洗わなくてよい）		2合
ミョウガ		4個
鶏ももひき肉		150g
オリーブオイル		小さじ2
A	だし汁	400㎖
	白ワイン	大さじ2
	塩	小さじ1

※フライパンのフタに穴があいている場合は、アルミ箔などでふさいでおく。

［つくり方］

1. ミョウガは粗みじん切りにする。
2. フライパンにオリーブオイルを入れて中火にかける。ひき肉と塩ひとつまみ（分量外）を加えて炒め、色が変わったら米を加えてさらに炒める。
3. 米が透き通ったら、1、Aを加えて表面をならす。フタをして沸騰するまで強火で5分、沸騰後は弱火で15分熱し、火を止めて5分蒸らす。
4. 全体をサックリと混ぜ、器に盛る。

オクラグラッセ

バター風味のオクラ&かつお節がシンプルながら新鮮な味わい。ミョウガごはんと一緒に食べると、口の中でバターとミョウガが出合い、さらにあたらしいおいしさ！

［材料］2人分

オクラ		6～8本
塩		ひとつまみ
A	バター	5g
	水	50㎖
	塩	ひとつまみ
かつお節		適量

［つくり方］

1. オクラはガクとヘタを除いてまな板に置く。塩をふり、手のひらで押さえて軽く転がし、塩を洗い流して水気をふく（a）。
2. フライパンに1、Aを入れて中火にかける。煮汁をオクラにかけながら煮詰め、汁気が飛んだら火を止める。
3. 器に盛り、かつお節を散らす。

優しい香りのミョウガ、
まったりとバターの風味をまとったオクラ。
和でも洋でもない、無国籍のひと皿です

秋

くるみの炊き込みごはん

くるみは乾炒りすると香ばしく、甘味がアップ。
ざくざくした食感が楽しいごはんです。
みそをつけながら食べるのも、いいですね。

[材 料] 2合分

米		2合
くるみ（素焼き・無塩）		50g
A	水	400mℓ
	料理酒	大さじ1
	塩	小さじ2/3

[下 準 備]

- 米は洗ってザルに30分上げる（炊飯器の場合は省略可）。

[つくり方]

1. くるみはフライパンで乾炒りし、食べやすい大きさに砕く。
2. 鍋に米を入れ、Aを加えてざっと混ぜ、1をのせる。フタをして沸騰するまで強火で5分、沸騰後は弱火で15分熱し、火を止めて5分蒸らす。
   ※炊飯器の場合は、米、Aの水以外を入れてから水を2合の目盛りまで加え、ざっと混ぜ、具をのせて普通に炊く。
3. 全体をサックリと混ぜ、器に盛る。

肌寒くなってきたら食べたい
ほっこりごはん。
シンプルだから味わえる
くるみの甘味に感動！
みそ汁のすだちも爽やかな秋の香りです

鮭と大根のすだちみそ汁

くるみごはんに合わせたい具だくさんみそ汁です。
みそ汁にすだち？ と思うかもしれませんが、
酸味が入るとさっぱり軽くなり、スイスイ食べられます。

[材料] 2人分

生鮭（切り身）	1切れ
大根	1/8本（100g）
水	300mℓ
みそ	大さじ1と1/2
ごま油	小さじ1/2
すだち	1/2〜1個

[つくり方]

1. 鮭は食べやすい大きさに切る。大根は皮をむいて1cm厚さのいちょう切りにする。
2. 小鍋に水と大根を入れて中火にかける。沸騰したら鮭を加え、フタをして弱火で10分煮る。みそを溶き入れたら火を止め、ごま油を加える。
3. 器に盛り、すだちを搾り、好みで千切りにしたすだちの皮を添える。

秋

豚肉とマッシュルームのパセリバターピラフ

米と具をフライパンで炒めて
そのまま炊くだけだから、とっても簡単。
シンプルな味つけで、
パセリの香りをたっぷり楽しみます。

［ 材 料 ］ 2合分・
フライパンは直径22～24cmが目安※

米（洗わなくてよい）		2合
豚ロース肉（トンカツ用）		1枚（120g）
塩		ひとつまみ
玉ねぎ		1/2個
ニンニク		1かけ
マッシュルーム		10個
パセリ		2本
バター		10g
A	水	380mℓ
	白ワイン	大さじ2
	塩	小さじ1

※フライパンのフタに穴があいている場合は、アルミ箔などでふさいでおく。

［ つくり方 ］

1 豚肉は1.5～2cmの角切りにし、塩で下味をつける。玉ねぎとニンニクはみじん切りにし、マッシュルームは4等分に切る。パセリは葉と茎に分け、葉は粗く刻む。

2 フライパンにバターを入れて中火で溶かし、豚肉、玉ねぎ、ニンニクを炒める。肉の色が変わり玉ねぎが透き通ったら、マッシュルームと米を加え、米が透明になるまで炒める。

3 Aを加えて表面をならし、パセリの茎をのせる（a）。フタをして沸騰するまで強火で5分、沸騰後は弱火で15分熱し、火を止めて5分蒸らす。

4 パセリの茎を除いて全体をサックリと混ぜ、器に盛り、パセリの葉を散らす。

a

キャベツとゆで卵のマスタードサラダ

包丁を使わなくてもつくれる、気楽なサラダ。
酸味がほどよく、さっぱりしているので、
キャベツをモリモリ食べられます。

マッシュルームたっぷりの
秋のごちそうごはんに
卵入りサラダを並べれば
食卓が華やかに！

[材料] 2人分

卵		2個
キャベツの葉		4～5枚（150g）
A	砂糖	小さじ1
	塩	小さじ1/4
	粒マスタード	小さじ2
	酢	小さじ1
	オリーブオイル	小さじ1/2

[つくり方]

1. 小鍋に卵とかぶる量の水（分量外）を入れ、強めの中火で10分ゆでる。殻をむき、手で半分に割る。キャベツは沸騰した湯（分量外）に沈め、1分ほどゆでる。ザルに上げ、冷めたら食べやすい大きさにちぎってしっかりと水気をきる。
2. ボウルにAを入れてよく混ぜ、1を加えて和える。

冬

塩もみ白菜とツナのローリエごはん

炊き上がって鍋のフタを開けた瞬間、
ローリエの香りがふわっ。
食べるときもまたローリエがふわ〜。
白菜をこんなに食べるの？ と
思うかもしれませんが、
塩もみしてよく絞ると、
キュッと小さくなるので大丈夫です。

[材料] 2合分

米		2合
白菜		1/4個（300g）
塩		小さじ1/2
ショウガ		1かけ
ツナ缶（ノンオイル・フレーク）		1缶
A	料理酒	大さじ2
	塩	小さじ1
	オリーブオイル	小さじ2
ローリエ		2枚

[下準備]

- 米は洗ってザルに30分上げる（炊飯器の場合は省略可）。
- 白菜は粗みじん切りにしてボウルに入れ、塩を加えてもみ、10分ほどおく。

[つくり方]

1. 塩もみした白菜の水気をしっかりと絞る。ショウガはみじん切りにする。ツナ缶は汁を計量カップに移し、水（分量外）を加えて380mℓにする。
2. 鍋に米を入れる。1の缶汁と水を合わせたもの、Aを加えてざっと混ぜ、白菜、ショウガ、ツナ、ローリエをのせる。フタをして沸騰するまで強火で5分、沸騰後は弱火で15分熱し、火を止めて5分蒸らす。
   ※炊飯器の場合は、米、ツナ缶の汁、Aを入れてから水を2合の目盛りまで加え、ざっと混ぜ、具とローリエをのせて普通に炊く。
3. 全体をサックリと混ぜ、器に盛る。

小エビとじゃがいものミルクポタージュ

ミキサーやブレンダーを使わずにつくれます。すりおろしたじゃがいもを静かに煮ていると、徐々に小エビのピンク色に。そんな瞬間も好きです。

湯気までおいしい
ローリエ風味のごはんと、
ぽってりポタージュ。
あたらしい味との出合いに
きっと感動します！

［材料］2人分

乾燥小エビ（サクラエビ、アミエビなど）	10g
じゃがいも	小1個（100g）
バター	10g
水	100mℓ
牛乳	300mℓ
塩	小さじ1/2弱～
オリーブオイル	適量

［つくり方］

1 じゃがいもは皮をむく。

2 鍋にバターを入れて中火で溶かし、乾燥小エビを加えて炒める。香りが立ってきたら、水、牛乳を加え、じゃがいもを鍋に直接すりおろす（a）。混ぜながら弱めの中火で煮、とろみがついてきたら少しずつ塩を加え、味をととのえる。

3 器に盛り、オリーブオイルをかける。

長ねぎとベーコンの炊き込みごはん

長ねぎを丸ごと1本炊き込みました。ねぎの白い部分の甘味、青い部分のいい香り、かつお節の風味がたまりません。

［材料］2合分

米	2合
長ねぎ（青い部分も使用）	1本
ベーコン	1枚
A 水	400mℓ
料理酒	大さじ2
塩	小さじ2/3
かつお節	4g

［下準備］

- 米は洗ってザルに30分上げる（炊飯器の場合は省略可）。

［つくり方］

1 長ねぎは5mm幅の小口切りにする。ベーコンは粗みじん切りにする。

2 鍋に米を入れる。Aを加えてざっと混ぜ、1、かつお節をのせる。フタをして沸騰するまで強火で5分、沸騰後は弱火で15分熱し、火を止めて5分蒸らす。

※炊飯器の場合は、米、Aの水以外を入れてから水を2合の目盛りまで加え、ざっと混ぜ、具をのせて普通に炊く。

3 全体をサックリと混ぜ、器に盛る。

春菊とアボカドのカリカリカマンベールサラダ

カリカリカマンベールは、そのままポリポリ食べてもおいしい！いろいろな味と食感を楽しめるのも、このサラダの嬉しいところです。

［材料］2人分

カマンベールチーズ	1/4個（25g）
春菊	1/3袋
アボカド	1/2個
トマト	1/4個
塩	ひとつまみ
酢	小さじ1と1/2
オリーブオイル	小さじ1と1/2
黒コショウ（粗びき）	適量

［つくり方］

1 カマンベールチーズは約6等分にちぎり、間隔をあけてクッキングシートに並べ（a）、電子レンジ（600W）で2分30秒～3分、様子を見ながら加熱する。こんがりとキツネ色になったら冷めるまで少しおき、カリカリになったら手で軽く砕く。

2 春菊は根元のかたいところを落とし、ざく切りにする。アボカドとトマトは食べやすい大きさの角切りにする。

3 ボウルに2を入れ、塩、酢を加えてさっと和える。オリーブオイル、1を加え、さらに和える。

4 器に盛り、黒コショウをふる。

優しいのに力強い。普通の食材なのに意外な味。
寒さで縮こまった心と体に、
じわじわと元気がみなぎるようなコンビです

4章

ケの日以上、ハレの日未満

頑張らなくても　ほめられるひと皿

お酒にも合うね！

友だちが遊びに来るときや、ちょっと早い時間からお酒を楽しみたいとき、何をつくろうか迷いますよね。張りきっていろいろつくりたくなりますが、せっかくの楽しい時間、料理だけで精いっぱいになってしまうのは、本末転倒。だから私は、無理せずにつくれて、ほんの少しサプライズのある料理をつくるようにしています。定番のメニューでも、意外な味や香り、食感をプラスするだけで、一気に日常がアップグレード。そんな料理が喜ばれるし、つくった自分も嬉しくなるんです。

ハーブが主役

手軽におしゃれな雰囲気を味わえる
フレッシュハーブが大好きです。
いつもの料理に少し加えるだけで、
爽やかな香りが鼻を抜け、あか抜けた味に。
取り入れ方はとても簡単、そして自由だから、
ちょいたし感覚で使ってみてください。

ハーブだし酢マリネ

おしゃれだけど安心感のある
おだし＆ハーブの組み合わせ。
むね肉は、ささみや白身魚にすることも。
残ったマリネ液は、93ページの冷製パスタに
リメイクするのがおすすめです。

[材料] つくりやすい分量

〈マリネ液〉

だし汁	500mℓ
酢	50mℓ
薄口しょうゆ	50mℓ
みりん	50mℓ
塩	小さじ2/3
ローズマリー、タイム	各2本
鶏むね肉	1枚
塩	ひとつまみ
片栗粉	適量
好みの野菜※	計400～500g
ニンニク	1かけ
オリーブオイル	適量

※ここではカボチャ、ズッキーニ、ベビーコーンを使用。レンコン、サツマイモ、エリンギなどもおすすめ。

[下準備]

- 小鍋にマリネ液の材料（ハーブ以外）を入れ、軽く沸騰させる。保存容器に移し、ローズマリーとタイムを加える。

[つくり方]

1. 鶏肉は食べやすい大きさのそぎ切りにし、塩をふって片栗粉をまぶす。野菜は1㎝ほどの厚みになるよう、それぞれカットする。ニンニクは包丁の腹で押さえてつぶす。
2. フライパンにオリーブオイルとニンニクを入れて中火にかけ、ニンニクがキツネ色になったら取り出してマリネ液に加える。
3. 同じフライパンで、野菜、鶏肉の順にじっくりと両面を焼き、焼き上がったものからマリネ液に移す。フライパンに残ったオイルも加え、粗熱がとれたら冷蔵庫で3時間以上冷やす。

ブッラータとカブのディルマリネ

ちょっと特別な日に食べたいブッラータチーズ。
ディルの香りがすがすがしいカブのマリネに
ミルキーなチーズがとろ～り。
クセになるおいしさです。

［ 材 料 ］つくりやすい分量

カブ		2個
塩		小さじ1/4
ディル		3～4本
A	レモン汁	大さじ1
	オリーブオイル	大さじ1
	塩	小さじ1/3
ブッラータチーズ		1個

［ つくり方 ］

1. カブは皮をむき、スライサーなどで薄くスライスし、ボウルに入れる。塩を加えて軽くもみ、10分ほどおく。ディルは粗く刻む。
2. カブの水気をしっかり絞り、ディル、Aを加えてよく和える。
3. 器に盛り、水気をきったブッラータをのせ、好みでディル（分量外）を散らす。

ハーブ西京焼き

西京漬けにハーブを加えてみたら大ヒット！
焼いてから少し冷ますと味が引き締まり、
口の中にハーブの余韻がふわっと残ります。
豚ロース肉や鶏肉でつくっても。

[材料] 2人分

サワラ（切り身）		2切れ
塩		少々
A	白みそ	100g
	砂糖	大さじ1
	みりん	大さじ2
ローズマリー、タイム		各2本

[下準備]

・サワラは両面に塩をふって5〜10分ほどおき、水気をキッチンペーパーでふき取る。
・ジッパーつき保存袋にAを入れてよくもんで混ぜ、サワラ、ローズマリー、タイムを加え、空気を抜いて冷蔵庫で1日おく（a）。

[つくり方]

1 保存袋からサワラを取り出し、キッチンペーパーなどでみそをきれいにふき取る。

2 フライパンにクッキングシートを敷いて1を並べ、フタをして弱火で片面につき4分、焦がさないように様子を見ながら焼く。

3 器に盛り、好みでハーブを添え、オリーブオイル（各分量外）をたらす。

a

おつまみ春巻き

友だちが家に遊びに来ると、
必ずといっていいほどつくるのがおつまみ春巻き。
具を包んで揚げるだけだから、とっても気楽なのに、
パーティー感もあってちょうどいいんです。
揚げたては絶対に喜んでもらえるし、中身は自由。
「何が入ってるの？」と、会話も盛り上がります。

1

2

3

4

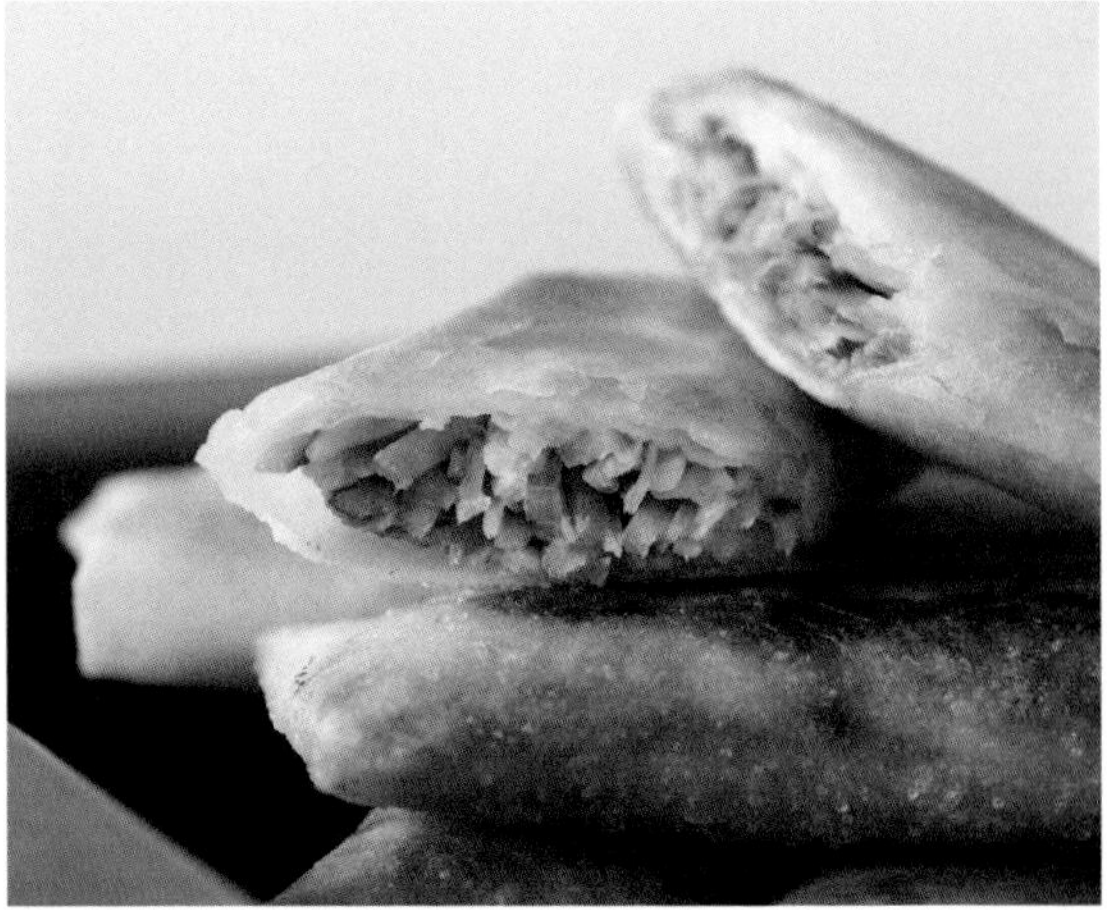

豚肉とごぼうの辛子マヨ春巻き

たっぷり入れたごぼうが蒸し焼きのようになり、味と香りが閉じ込められて、とてもおいしいんです。食感もしっかり残り、食べ応え抜群！辛子マヨの風味もよく合います。

[材料] 5本分

春巻きの皮		5枚
豚バラ薄切り肉		50g
ごぼう		1/2本（100g）
A	マヨネーズ	大さじ1
	塩	小さじ1/4
	練り辛子	小さじ1
B	小麦粉	大さじ1/2
	水	大さじ1/2
植物油		適量

[つくり方]

1. 豚肉は長ければ6～7cm長さに切る。ごぼうは斜め薄切りにしてから細切りにする。
2. ボウルに**A**、ごぼうを入れて和え、ボウルの中で5等分にする。
3. 春巻きの皮は角が上にくるように置き、手前に豚肉を横向きにのせる。肉の上に2の1/5量を重ね、手前の角を具にかぶせるように巻き込む。右端を折り込み、続けて手前をもうひと巻きしたら、左端も折り込み、空気を抜くようにきっちり巻いていく。巻き終わりに**B**の水溶き小麦粉をつけてとめる（87ページ参照）。残りも同じように巻く。
4. フライパンに油を1cm深さほど入れ、中火にかける。油が温まったら3を入れて弱火にし、片面につき4～5分、キツネ色になるまで10分ほど揚げ焼きにする（**a**）。
5. 油をきって器に盛り、好みで塩（分量外）をふる。

千切りじゃがいもと たらこのもっちり春巻き

じゃがいもは極細の千切りにし、
水にさらさずに包んで揚げると、もっちり！
二重にした皮は、パイのようにサクサクです。

マーマレードと 山椒のチーズ春巻き

バーで飲んだオレンジと山椒のカクテルがおいしくて、
その意外性とデザート感覚を春巻きに取り入れてみました。
カマンベールチーズのほろ苦さ、塩気がちょうどよく、
白ワインにぴったり。お気に入りのデザートおつまみです。

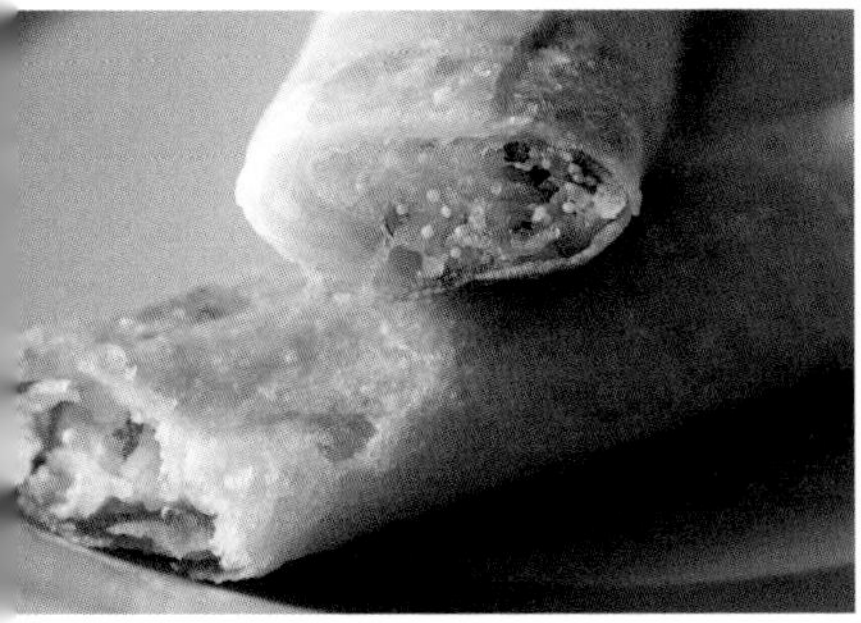

[材料] 5本分

春巻きの皮		5枚
じゃがいも		中1個(150g)
大葉		5枚
A	たらこ(薄皮を除いたもの)	30g
	片栗粉	小さじ1/2
	ごま油	小さじ1/2
	塩	ひとつまみ
B	小麦粉	大さじ1/2
	水	大さじ1/2
植物油		適量

[つくり方]

1 じゃがいもは皮をむき、スライサーなどで千切りにする。大葉は千切りにする。

2 ボウルにA、1を入れてよく和え、ボウルの中で5等分にする。

3 春巻きの皮は横半分に切り、2枚を重ねる。2の1/5量を細長くのせ(a)、端からくるくると巻く。巻き終わりと両端にBの水溶き小麦粉をつけてとめる(b・c)。残りも同じように巻く。

4 フライパンに油を1cm深さほど入れ、中火にかける。油が温まったら3を入れて弱火にし、キツネ色になるまで片面につき2分ほど、ゆっくり揚げ焼きにする。

5 油をきって器に盛り、好みで塩(分量外)をふる。

a

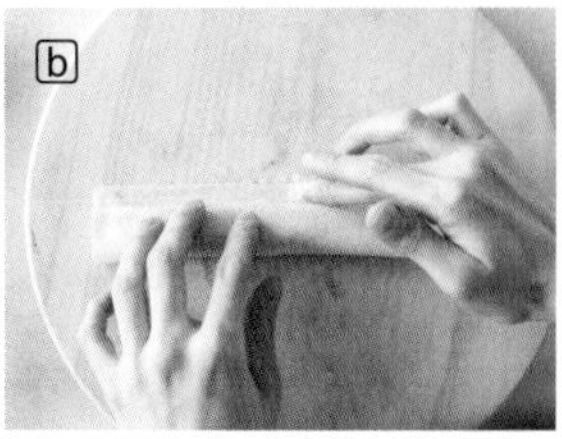
b

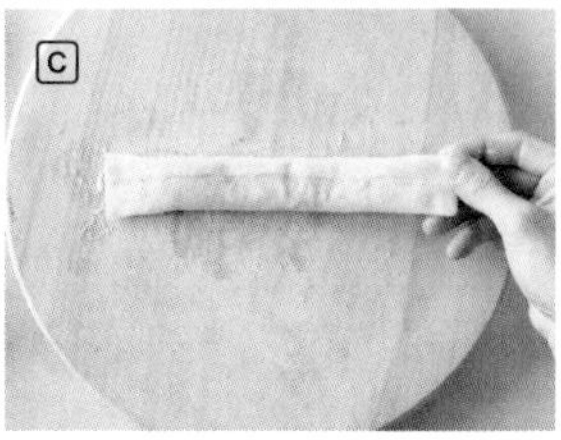
c

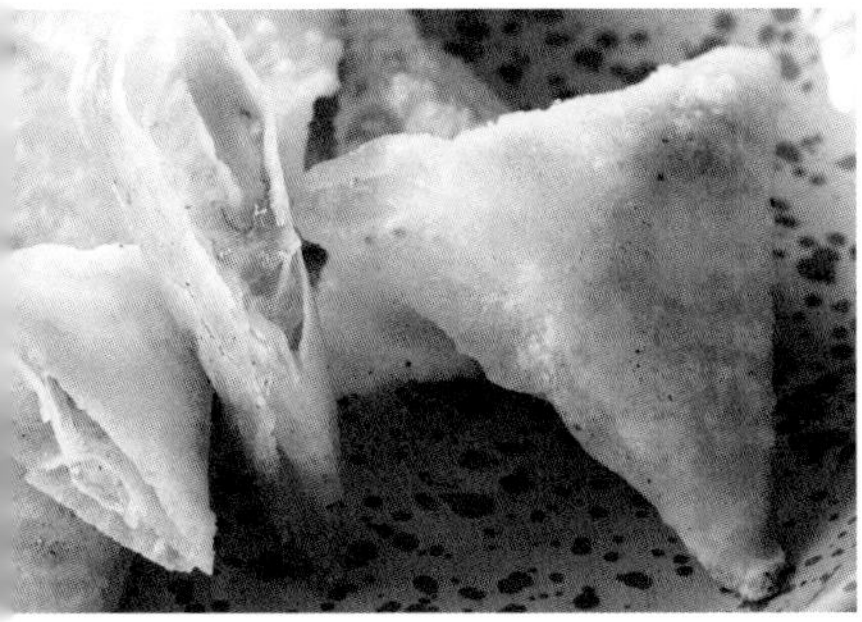

[材料] 6個分

春巻きの皮		2枚
カマンベールチーズ		1/2個
オレンジマーマレード		適量
粉山椒		適量
A	小麦粉	大さじ1/2
	水	大さじ1/2
植物油		適量

[つくり方]

1 春巻きの皮は縦3等分に切る。カマンベールチーズは6等分にちぎる。

2 春巻きの皮を縦長に置き、手前にカマンベールチーズ1切れとマーマレードをティースプーン1杯分のせ、粉山椒をふる。春巻きの皮が三角形になるよう、下の角を対角線に向かって折っていき(角が右下にあるなら左上に向けて折る、左下なら右上に向けて折る)、巻き終わりにAの水溶き小麦粉をつけてとめる(a～d)。残りも同様に巻く。

3 フライパンに油を1cm深さほど入れ、中火にかける。油が温まったら少し火を弱めて2を入れ、片面につき数十秒、手早く揚げ焼きにして油をきる。

a

b

c

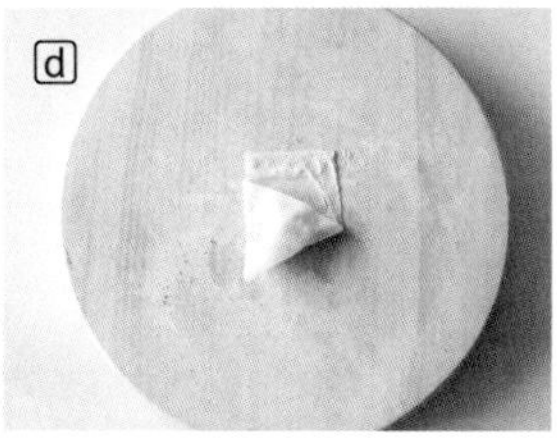
d

麺とごはん

ちょっとしたおもてなしのときは、
麺やごはんのひと皿さえあれば安心！
お酒を飲みながら食べてもいいし、
最後の〆につくることもあります。
満足度が高くて、気分が上がる、
欲張りな気持ちを満たしてくれるレシピたちです。

ハーブだし酢の冷製パスタ

ハーブだし酢マリネ（83ページ参照）の残ったマリネ液があまりにもおいしくて、冷たいパスタにかけてみたら大正解。夏のランチや、ワインのお供にも最高です。カッペリーニはそうめんにしてもOK。

［材料］2人分

カッペリーニ	160g
ミニトマト	4個
生ハム	20g
大葉	適量
ハーブだし酢マリネのマリネ液※（83ページ参照）	300mℓ

※あらたにつくる場合は、83ページの〈マリネ液〉を全量でつくり、おろしニンニクとオリーブオイルを各少々加える。適量をパスタにかけ、余った分は焼き野菜などを漬ける。

［つくり方］

1 パスタ用の鍋に湯を沸かし、水の1%の塩（分量外・水2ℓに塩20g）を加える。ミニトマトは4等分に切る。生ハムは手で食べやすくちぎる。大葉は千切りにする。

2 1の鍋にカッペリーニを入れて袋の表示時間ゆで、ザルに上げ、水にさらしてしっかりと水気をきる。

3 器にカッペリーニ、ミニトマトを盛ってマリネ液をかけ、生ハム、大葉をのせる。

ひき肉とごぼうの白いラグーソースパスタ

ランチではなく、不思議と夜に食べたくなるパスタです。
日本酒や焼酎など、お酒との相性も抜群。
ごぼうの香りと柚子コショウの風味がしみじみ広がって、
落ち着く味だけど、ちゃんとごちそう感があります。

[材 料] 2人分

スパゲッティ		160g
牛豚合いびき肉		80g
ごぼう		1/2本
玉ねぎ		1/4個
ショウガ		1かけ
三つ葉		1/4束
オリーブオイル		大さじ1
A	白ワイン	100mℓ
	塩	小さじ1/3
	柚子コショウ	小さじ2
塩		ひとつまみ

[つくり方]

1 パスタ用の鍋に湯を沸かし、水の1%の塩（分量外・水2ℓに塩20g）を加える。ごぼうは10㎝長さぐらいに切ってから縦4つ割りにし、端から5㎜幅に刻む。玉ねぎはみじん切りにする。ショウガは千切り、三つ葉は2㎝幅に切る。

2 深めのフライパンにオリーブオイルを入れて中火にかけ、ごぼう、玉ねぎを加えて炒める。香りが立ったらフライパンの端に寄せ、ひき肉を加えてさらに炒める（a）。Aを加え、弱火で8分煮る。

3 1の鍋にスパゲッティを入れ、袋の表示時間より1～2分短くゆでる（ゆで汁も使う）。

4 2のフライパンにスパゲッティのゆで汁をお玉2杯分加えてなじませ、ゆで上げたスパゲッティ、塩を加える。全体を混ぜながら強火で1～2分煮詰め、乳化させる（少し白っぽく、とろりとなったらOK）。

5 器に盛り、ショウガと三つ葉をのせる。

鶏肉と甘栗のリゾット

お店のようなリゾットが自分でつくれたら、嬉しいですよね。
甘栗とこま切れの鶏肉を使えば、包丁いらずでとっても簡単。
友だちが来たときにさっとつくって出すと、喜ばれます。

[材料] 2人分

米（洗わなくてよい）	1合
鶏もも肉（こま切れ）	150g
オリーブオイル	大さじ1/2
塩	ひとつまみ＋小さじ1/3
白ワイン	大さじ2
湯	600㎖
ニンニク（すりおろす）	小さじ1/4
ローズマリー	1〜2本
むき甘栗	80g
黒コショウ（粗びき）	少々

a

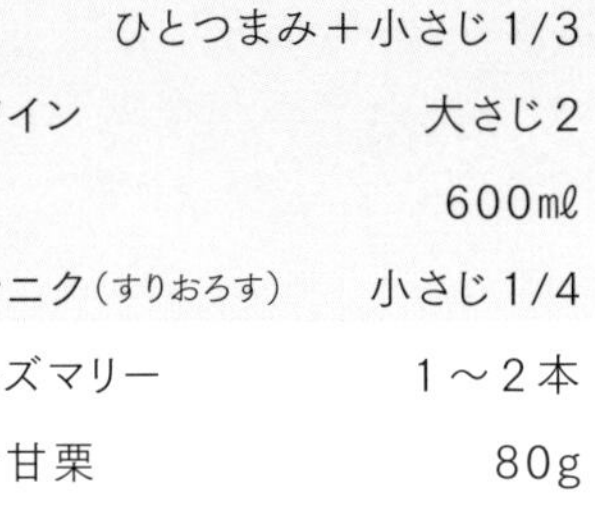

[つくり方]

1 フライパンにオリーブオイルを入れて中火にかけ、鶏肉と塩ひとつまみを加え、あまり触らずに軽く焼き色がつくまで炒める。

2 米を加えて炒め合わせ、米が透明になったら白ワインを加え、さらに炒めてアルコール分を飛ばす。

3 湯の半量（300㎖）と塩小さじ1/3、ニンニク、ローズマリーを加え、甘栗を手で割り入れたら、汁気がなくなるまで弱めの中火で5分ほど煮る（**a**）。残りの湯を2回に分けて加え、その都度5分ほど煮る。味をみて、たりなければ塩（分量外）でととのえる。

4 器に盛り、黒コショウをふる。

ちょっとした甘味

甘いものは好き。でもスイーツはほとんどつくらない。
そんな私が自分でつくって食べたいと思うのは
料理をするような感覚でつくれるもの。
大げさなことをしなくても、鍋で煮たり、
ボウルで和えたりするだけで、軽めのスイーツが完成します。
食後の甘いものって、幸せな気持ちになりますよね。

温かい
カボチャクリーム

冬の夜、甘いものを食べたくなったら
真っ先に思い浮かぶのがこのレシピ。
イメージは温かいアイスクリーム。
カボチャのほっこりした甘味の奥から
シナモンの風味を感じます。

［材料］2人分

カボチャ	200g
スライスアーモンド	適量
バター	5g
水	50mℓ
砂糖	大さじ2
生クリーム	100mℓ
シナモンパウダー	適量
レーズン	適量

［つくり方］

1. カボチャは種とワタを除いて食べやすい大きさに切り、包丁で皮をそぎ落とす。スライスアーモンドはフライパンで乾炒りする。
2. 鍋にバターを入れて弱めの中火で溶かし、カボチャを加え、全体にツヤが出るまで軽く炒める。水、砂糖を加えてフタをし、焦がさないよう弱めの中火で10分蒸し煮にしたら（途中で全体を混ぜる）、火を止めて5分おく。
3. 生クリーム、シナモンパウダーを加えて弱火にかけ、木べらなどでカボチャを軽く崩しながら和え、火を止める。
4. 器に盛り、レーズン、スライスアーモンドをのせる。

メロンとバジルのデザートサラダ

フレンチの最後に出てくる軽いデザートのイメージ。
口に入れると、メロンの果汁がじゅわ～！
ときどきやってくるバジルの香りが気持ちいい。
食べ終わったあとも、爽やかな余韻に浸れます。

[材料] 2人分

メロン	正味150g
バジルの葉	4～5枚
塩	少々
オリーブオイル	大さじ1/2
水きりヨーグルト※	適量
はちみつ	適量

※ギリシャヨーグルトでもOK。

[つくり方]

1. メロンは1.5cm角に切ってボウルに入れ、バジルを手でちぎって加える。
2. 塩を加えてさっと和え、オリーブオイルを加えてさらに和える。
3. 器に盛り、水きりヨーグルトを添え、はちみつをかける。

5章

夜遅くても罪悪感なし
体に優しいほっこりごはん

遅い時間にどうしてもお腹がすいてしまうこと、ありますよね。太りたくないし、胃もたれもしたくない、でも、何か食べたい……。そんなとき私は我慢せず、お豆腐や少量の炭水化物を使った、温かくて優しいお料理をつくっています。シンプルで柔らかい味つけは、体にすっとなじみ、少量でも大満足。幸せな気持ちで眠れて、翌朝もすっきり起きられます。気楽につくれて、ヘルシーで、お腹も心もほっこり満たされる。そんな、私にとってお守りのようなレシピたちを紹介します。

辛くない白スンドゥブ

ニンニクとアサリで、ちゃんとスンドゥブ感が出ます。
アサリのうま味が染み出て、しみじみおいしい。
体をいたわりたいときにぴったりです。
ごはんを加えて雑炊っぽくしたり、
エノキダケや切り干し大根を加えるのもいいですね。

［材料］2人分

豆腐（絹）	1丁
水	200㎖
アサリ缶（水煮）	1缶（130g）
ニンニク（すりおろす）	1かけ
豆乳（無調整）	100㎖
炒りごま（白）	適量

［つくり方］

1. 鍋に水とアサリ缶（汁ごと）を入れて中火にかける。沸騰したらニンニクを加え、豆腐を手で崩し入れ、ひと煮立ちさせる。豆乳を加え、弱火で2～3分煮たら、味をみて塩（分量外）でととのえる。
2. 器に盛り、ごまをふる。

フライパン蒸し豆腐

湯豆腐よりも風味が凝縮し、蒸したてはむっちむち！
オリーブオイルと塩をかけるだけで、
普通の豆腐がびっくりするほどおいしくなります。

［ 材 料 ］ 2人分

豆腐（絹）	1丁
昆布	約5×7cm（3g）
料理酒	50mℓ
水	50mℓ
塩	ひとつまみ
オリーブオイル	適量
万能ねぎ（小口切り）	適量

［ つくり方 ］

1. 豆腐は十字に切る。
2. フライパンに昆布を敷いて1をのせる。料理酒、水を加え、豆腐に塩をふり、強火にかける。沸騰したらフタをして、弱めの中火で10分蒸す。途中で水がなくなりそうになったら水（大さじ2）をたす。
3. 器に盛り、オリーブオイルをかけて万能ねぎを散らし、好みで塩（分量外）をふる。

30ページの〈万能ピーマンねぎミョウガソース〉をかけるのもおすすめ。

カブのあんかけ丼

湯葉丼を食べたい、でも湯葉がない。
そんなとき、家にあったカブをごく薄くスライスして、
湯葉のかわりに使ってみたら、
甘くてとろっとほろっと崩れるような食感になってびっくり。
上品な味わいに満たされます。低カロリーなのも◎。

[材料] 2人分

ごはん	茶碗2杯分
カブ	2個
三つ葉	1/4束
だし汁	200mℓ
A 塩	小さじ1/4
A 薄口しょうゆ	小さじ1と1/2
B 片栗粉	小さじ2
B 水	大さじ1
ショウガ（すりおろす）	適量

[つくり方]

1. カブは皮をむき、スライサーなどで薄くスライスする。三つ葉は1～2cm幅に切る。
2. 鍋にだし汁を入れて火にかけ、沸騰したらカブを加える。フタをして弱火で5分煮、Aを加える。三つ葉も加えてすぐに火を止め、混ぜながらBの水溶き片栗粉でとろみをつける。再び火にかけ、ひと煮立ちしたら火を止める。
3. 器にごはんを盛り、2をかけ、おろしショウガと三つ葉（分量外）をのせる。

鶏ささみとセロリのおかゆ

ひと口食べると、セロリの香りがふわり。
ほどよいパンチで、お酒のあとの〆にもぴったりです。
ライムを搾ると、エスニック感がアップしますよ。

[材料] 2人分

ごはん	茶碗大盛り1杯分（300g）
鶏ささみ	1本
セロリ（葉）	1本分
水	400㎖
塩	小さじ1/4〜
黒コショウ（粗びき）、ライム	各適量

[つくり方]

1. 小鍋にささみとセロリの葉（トッピング用に少し取りおく）、水を入れ、中火にかける。沸騰直前でフタをし、弱火で7分加熱する。ささみとセロリの葉を取り出し、ささみはほぐす（取り出したセロリの葉は使わない）。
2. 1の鍋にごはんを入れ、フタをして弱めの中火で5分煮る。少しずつ塩を加え、味をととのえる。
3. 器に盛り、ほぐしたささみをのせる。取りおいたセロリの葉を刻んで添え、黒コショウをふり、ライムを搾る。

ホタテとチンゲン菜の汁そば

中華屋さんの上品なラーメンが食べたくて、
海鮮汁そばのようなイメージでつくりました。
簡単なのに、手が込んだような味に驚きます。

[材 料] 2人分

中華麺		2人分
チンゲン菜		中1株
ショウガ		1かけ
ホタテ貝柱缶		1缶(65g)
水		600mℓ
塩		小さじ2/3〜1
A	片栗粉	大さじ1と1/2
	水	大さじ3

[つくり方]

1. チンゲン菜は葉と茎に分けて食べやすい大きさに切り、ショウガは細切りにする。中華麺は袋の表示時間ゆで、ザルに上げてしっかりと水気をきる。
2. 鍋にホタテ缶(汁ごと)、水、ショウガを入れて火にかける。沸騰したらチンゲン菜の茎、塩を加え、中火で3分ほど煮る。チンゲン菜の葉を加えて火を止め、Aの水溶き片栗粉を回し入れ、再び火にかけ、しっかり煮立たせる。
3. 器に麺を入れ、2をかけて麺を軽くほぐす。

Q & A

SNSで募集した
みなさんからの
質問に答えます！

Q1　どうやってレシピを思いつく？

外食のときにひらめいたり、こういうのを食べたいな〜と想像したり、気分で思いついたり、色をテーマにして考えたり。常に何をつくろうかなと考えているので、いろんなパターンがあります。

Q2　スーパーで必ず買うものは？

ミニトマト、カブ、卵。カブは大好きなので一年中食べています。ミニトマトは、だしや調味料の役割としても使うので、使用頻度が高いです。

Q3　買い物に行く頻度は？

だいたい2日に1回です。ただ、買い物に行く日は、午前中に一度行って、午後には別のスーパーへ、なんてこともあります。とにかくスーパーが大好きなんです。レシピを考えながら隅々までチェックします。

Q4　手際よく料理するコツは？

材料を使いすぎないこと。これだけで、かなり手際がよくなります。1レシピに使う主食材は1〜2個。メインと副菜の2品なら、皮をむいたり、切ったりする食材は多くて4個ぐらいに。あとは、メインを煮たりしている間に、もう1品つくればOK！ 1回でいろいろ食べようとすると大変なので、バランスは週や月単位で考えます。

Q5　つくりおきはする？

その日の体調や気分に合わせて食べるものを決めたいので、基本的にはしません。そのかわり、ふだんのごはんはさっとつくれるものばかりですし、本当にシンプルです。なじんでおいしくなるマリネなどは、つくりおくこともあります。

Q6　料理をするのがしんどいときの対処法は？

頑張りすぎてつらくなると料理が嫌いになっちゃうので、しんどいときはつくらなくていい。お総菜を1つ買ってきて、温かい汁物や簡単な副菜だけをつくれば、料理した感も得られて、疲れないです。料理は毎日のことだから、無理せず気楽につくるのがいいと思います。

Q7 だしはどうやってとってる?

だしパックを使うこともありますが、気持ちに余裕があるときは、自分でだしをとります。昆布を浸して、かつお節を加えて、いい香りがして……それだけで充実感が増します。意外と簡単なので、ゆとりがあるときはチャレンジしてみてください。

だしのとり方

1. 鍋に水500mlと昆布5gを入れ、弱火にかけて10分ほど煮出す(昆布だしの完成)。
2. 昆布を取り出したら、かつお節5gを加えて2〜3分おき、ザルでこす。または、菜箸で鍋の中をくるくる混ぜて水流をつくり、かつお節をからめ取る(昆布とかつおの合わせだしの完成)。

※昆布、かつお節は、それぞれ水の1%の量が基本です。

Q8 パートナーとの味のすり合わせはどうしてる?

夫は私より少し濃いめの味つけが好き。あとから塩をふったりして調整できるよう、ベースは薄めの味にしています。

Q9 夕食づくりにかける時間は? 何品ぐらいつくる?

20〜30分。メインのおかずと、炊き込みごはんか具だくさん汁物の組み合わせが多いです。余力があれば副菜もつくるけど、最大でも4品です。

Q10 調理の中で好きな瞬間は?

すりおろす、刻む、ボーッと待ってる時間、湯気を浴びるのも好き。味見という名のつまみ食いも!

Q11 好きなごはんのお供は?

梅干し、辛子明太子、子持ち昆布。しょっぱいのが好きです。

Q12 今好きな食べ物を 3つあげるなら?

蒸し豆腐、アサリの酒蒸し、キュウリのぬか漬け。小さい頃から渋めのメニューが好物です。

Q13 朝ごはんは何食べる?

朝はスロースターターなので、はちみつ入りの温かいソイラテを飲みながらのんびりする日が多いです。飲んだ翌朝はスープとパンで体をいたわり、余裕がある日はベーコンエッグや納豆とごはんで定食風に。その日の気分で、無理せず楽しみます。

Q14 人生最後に食べたいものは?

おにぎり! いつも食べたい、夜中でも食べたい(笑)。炊き込みごはんをつくったときも、ラップで小さなおにぎりを包んで、キッチンでつまみ食いするのが一番好き。

Q15 お気に入りの紅茶は？

「マリアージュ フレール」のトーキョー ブレックファースト ティー®がお気に入り。柚子の香りとプルーンのほんのり甘い感じが好きです。

Q16 お気に入りのおやつは？

岩下の新生姜！ アツアツの玄米茶をチビチビ飲みながらかじるんです。疲れたときに食べると元気が出るし、夜中にお腹がすいたときも罪悪感なしで満たされます。

Q17 ファストフードは食べる？

食べます！ フィレオフィッシュが好きで、月1回ぐらいは食べてるかな。

Q18 お酒は飲む？ 何が好き？

お酒は飲みます。好きです。だから、私のレシピはおつまみにもなるおかずが多いのかも。好きなお酒はビール、白ワイン。

Q19 調理道具の1軍は？

調理道具はみんながいいと言っているものは絶対いいはず、と思っているので、しっかり口コミを読んでから買います。フライパンは汁気のある蒸し物や、軽い煮込みをよくつくるので、ちょっと深めのものをセレクト。まな板は、奥行きが広く使える丸型を愛用しています。薬味をたくさん使うので、おろし金と薬味用のはけは必須。最近は、竹製のスライサーがお気に入り。これ、とっても細くスライスできるんです。

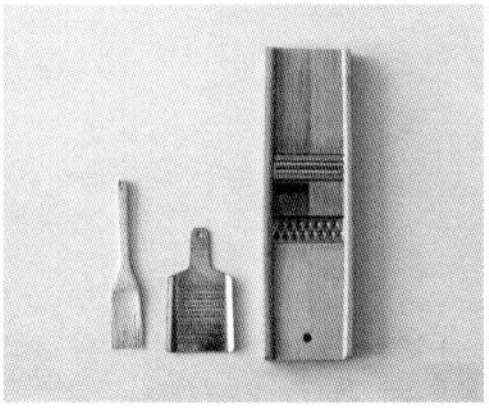

(左)「ウルシヤマ金属工業」のフライパン(直径22cm)、「ウッドペッカー」のcotogotoオリジナルサイズの丸いまな板(直径30cm)、「無印良品」のシリコーン調理スプーン
(右)「公長齋小菅」の国産竹スライサー、「工房アイザワ」のおろし金、竹製の薬味はけ

Q22 ルーティンにしていることは?

夫に「今日どうだった?」と聞くのが日課です。どんな仕事をしているか、どんなことがあったかを知りたくて、今日のダイジェストをお互いに話します。

Q23 仕事終わりのリフレッシュ法は?

お香をたいてくつろぎます。お香立ては「clear b」のインセンスバーナー。透明のガラス製で形がかわいいんです。香りだけでなく、お香をたいている景色も癒やしです。

Q24 好きな色は?

原色の元気な緑色が好き。レシピは癒やし系が多めですが、実は、私のキャラは元気系なんです(笑)。

この本でも、ところどころに緑色が登場!

ずっと料理のことを
考えてる日もあります!

Q20 お気に入りのエプロンは?

「無印良品」の肩掛けエプロンは、ストンとかぶるだけなのでラクチン。綿デニム(写真)のものと、麻平織の2種類を持っています。

エプロンは大きなポケットが欲しいんです。ひらめいたこと、覚えておきたいことをすぐメモできるよう、メモ帳とペンを入れています。

Q21 よくある1日の過ごし方は?

9:00	起床 のんびり&朝食
10:00	仕事(メールチェックなど)
11:00	食材買い出し
12:00	昼食、試作、SNS用撮影(合間に家事)
15:00	おやつ&レシピを考える
16:00	仕事(合間に家事)
17:00	食材買い出し
18:30	晩ごはんをつくる
19:00	晩ごはん
19:30	片づけ
20:00	仕事、テレビ、お風呂
22:30	リラックスタイム
25:00	就寝

PROFILE

長谷川あかり

料理家、管理栄養士。
子役タレントとしてデビューし、俳優として活動。芸能活動引退後に大学に進学し、管理栄養士の資格を取得。SNSで始めたレシピ投稿が大反響となり、2022年11月に初の著書『いたわりごはん』(KADOKAWA)を発売。雑誌やWebなどで幅広くレシピ開発を行う。本書は、2作目となるレシピ本。
Twitter：@akari_hasegawa
Instagram：@akari_hasegawa0105

つくりたくなる日々レシピ

2023年6月30日　初版第1刷発行
2023年7月10日　　　第2刷発行

著者　長谷川あかり
発行者　小池英彦
発行所　株式会社 扶桑社
〒105-8070 東京都港区芝浦1-1-1
浜松町ビルディング
☎ 03-6368-8889(編集)
☎ 03-6368-8891(郵便室)
www.fusosha.co.jp
印刷・製本　凸版印刷株式会社

ISBN 978-4-594-09447-8

── STAFF

デザイン　高橋朱里(マルサンカク)
撮影　山田耕司
スタイリング　久保田朋子
編集協力　藤岡 操
校正　小出美由規
DTP制作　ビュロー平林
編集　仁科 遥